싹수없는 며느리
vs
파란 눈의 시아버지

글 전희원 · 그림 김해진

모티브
BOOK

이 책을 파란 눈의 시아버지, 그분께 드립니다.

Ce livre est dédié à mon Beau-Père.

가족에게 언어가 다른 것은 장벽이 될 수 없습니다

악마는 소녀의 눈망울에 아름다움을 피우고, 향기로운 체리의 부드러움과 순결한 백설 그리고 푸른 바다와 눈부신 하늘을 주었다네. 또 악마는 학교 종을 울리게 해주었고, 사막 한가운데서도 숨소리를 듣게 해주었다네. 하지만 김치는 이런 일을 할 수 없다네. 고양이와 강아지는 우리에게 재롱을 떨어 기쁨을 주지만, 김치는 이런 일을 할 수 없다네.

김치보다 위대한 악마에게 감사를.

며느리 덕분에 제 글이 한국까지 간다니, 이만하면 출세했지요?

잠깐 제 얘기 좀 들려드릴게요. 저는 프랑스에서 벨기에와 프랑스 출신 부모 사이에서 태어나 자라면서 국제결혼에 대해 부정적인 시각을 가졌답니다. 마음 깊은 곳엔 국제결혼에 대한 두려움까지 자리 잡고 있었지요. 그러나 사춘기를 지나며 '내 마음이 끌리는 것을 어떻게 막을 수 있을까?' 하는 생각이 들기 시작하면서 좀더 시야를 넓혀 나갔지요. 그때 처음으로 '마음도 생각이 있다'는 걸 깨달은 것이죠. 제 두려움이 현실이 되어 알제리 출신의 프랑스인 남편과 결혼하게 되었고, 생전 처음 들어본 이상한 불어를 쓰는 캐나다의 아름다운 퀘벡으로 이민을 오게 되었답니다.

이민사회에 적응해가면서 국제결혼에 대한 부정적인 시각에서 완전히 벗어나, 이스라엘로 가는 아들에게 "국적은 상관없으니 좋은 신부감만 데려오너라!"라고 당부했답니다. 그리고 아들은 우리의 당부대로 저 동방의 아름다운 나라, 한국에서 태어난 사랑스런 희원이를 데리고 왔지요.

부모님과 나 자신은 물론 아들까지 국제결혼을 하고 나니, 국제결혼이 우리 집안의 전통이 되어버린 듯한 느낌입니다. 서로의 공통점과 차이점을 발견하고, 부딪힘과 화해를 반복해가며 서로를 알아가는 데, 언어는 그다지 큰 장벽이 아닌 걸 깨닫습니다.

사랑스런 아기의 미소, 눈 덮인 벌판에서 맞는 해돋이, 가을바람에 떨어지는 낙엽들, 맛있는 음식 등을 즐기며, 저와 우리 가족처럼 소박하지만 넉넉한 삶을 사시길 축복합니다.

—캐나다 퀘벡에서 파란 눈의 시부모

Préface

Pour la beauté des yeux des filles··· merci diable. Pour le veloutédes cerises, pour la blancheur de la neige, pour le bleu du ciel et de la mer··· merci diable. Pour la cloche qui annonce la fin de la classe, pour la voix qui crie dans le désert et tutti quanti··· merci diable··· mais pas pour le kimchi.
Merci pour le joli museau des chiens et pour les caresses des chats··· mais pas pour le kimchi.
Merci Monsieur Diable.

— Hubert Guedj

Quel grand honneur: dédicacer un livre!

Entre nous, je vais seulement vous avouer quelque chose. Je suis née en France, de parents franco-belges et durant mon enfance, j'étais contre les 'mélanges'. Curieusement cela me faisait peur. Vers la fin de mon adolescence, brusquement, j'ai changé d'idée en me posant une questioncomment diable pourrait-on accepter ou changer les mouvements du cœur?! N'avais-je pas appris que "le cœur a ses raisons que la raison ignore." C'est ainsi que quelques années plus tard, j'épousais un Français, né en Algérie, qu'encore un peu plus tard, nous arrivions au Canada et que j'entendais un français dans la Belle Province de Québec, que j'avais bien de la difficulté àcomprendre. Mais le temps a fait son œuvre et mon esprit c'est ouvert et lorsque mon fils est parti vivre à l'extérieur, je me souviens lui avoir dit: "Essaye de nous ramener une gentille épouse." C'est incroyable! C'est pourtant ce qu'il a fait! Ainsi donc, avec la jolie Heewon, me voilà plongée de nouveau dans les mélanges et je dois ajouter que la langue c'est au fond bien superficiel. C'est fantastique les découvertes, les différences, les ressemblances, les heurts, les coups de cœur devant le sourire d'un enfant, d'un lever de soleil sur la neige, d'une feuille qui virevolte dans le vent, d'une belle assiette remplie de bonnes choses. Amusez-vous donc à les vivre comme moi-même je me suis amusée! Bye-Bye!

— Magdeleine Guedj

머리글

　'썩은 김치 좀 버린 걸' 갖고 인터넷에서 스타가 된 것도 희한한데, 한술 더 떠 당신을 주인공으로 책까지 내겠다는 '사돈의 나라 한국'의 동태가 시아버지는 영 수상쩍기만 하다. 이는 '쉴 터를 찾아' 인생의 반을 허비하며 3대륙을 옮겨 다녔지만 유대인인 당신을 환영하는 곳을 결국 찾지 못한 채, 전 세계를 향해 빗장을 내건 지 30년 만에 받아보는 후덕한 인심이 아직도 낯설기만 한 까닭이다.

　시아버지의 서슬 퍼런 '먹거리 장기독재'에 짜증을 내면서 고걸 이용해 한탕 해보려고 기를 썼을 때, 내 글은 고춧가루 빠진 백김치처럼 매가리가 없었지만, 입속까지 떠미는 '밥'이 그분만의 '독특한 사랑법'임을 조금씩 보게 되면서 드디어 제 맛을 내기 시작했다.

　하지만 김치 문제만큼은 아직도 못다푼 고차방정식처럼 내 발목을 잡고 있으니, 익기 전엔 함께 잘 먹다가도 맛이 들기 시작하면서부터 '버릴 때가 왔다'는 시아버지와 '이제부터가 진짜'라는 며느리로 양분되는 극단적인 시각차를 좁히지 못했기 때문이다. 물론 양념을 다 녹일 만큼 뜨거운 시아버지의 눈총에도 아랑곳없이 '독도를 지키는 비장한 심정'으로 잇새를 벌겋게 불지르며 김치 국물까지 다 먹어치우지만, 남편 없이 혼자 먹을 때는 등줄기가 뜨끈한 적이 한두 번이 아니었다.

　따라서 모든 독자들, 특히 고달픈 시집살이에 골병드는 며느리들이 '파란 시집살이'를 글로나마 겪어보며, 자신들과는 '색' 다른 문제로 고통받고 있는 며느리가 태평양 건너에 살고 있다는 사실에 조금이나마 위로받을 수 있기를 소망해본다.

　완전 초짜가 글쟁이 흉내를 내게 될 때까지 의연하게 기다려주신 도서출판 모티브북의 양미자 대표와 최유연 편집자, 멋진 그림을 그려주신 김해진 작가께 감사를 드립니다.
　또한 오랫동안 기다려준 '미즈네 사랑방'의 수다쟁이들과 기도해준 모든 분들, 특히 틈만 나면 김치를 퍼주며 원기를 북돋워준 화선 언니와 첫 출판의 기쁨을 나누고 싶습니다.
　마지막으로 '사랑하는 내 친구' 파란 눈의 시어머니와 '음식 분쟁 전문 해결사' 남편, 그리고 파란 눈의 시아버지께 감사와 사랑을 전합니다.
　"Papa, Je t'aime!"

— 퀘벡에서 전희원

차 례

시부모님 글 7

머리글 10

1. 화성에서 온 시아버지 금성에서 온 며느리의 먹거리 전쟁

첫인사 17 · 김치 소동 20 · 고추장 이야기 24 · 짜파게티 27 · 우둥퉁한 내 너구리 30 · 개량숙면류 33 · 참기름 파동 36 · 김밥 39 · 오징어 튀김 42 · 찬밥 한 덩이 46 · 밥 짓기 49 · 르 카페! 52

2. 좌충우돌 문화 충돌기

말이 안 통해 59 · 장보기 소동 62 · 김치 뽀뽀 65 · 이태리 타월 소동 68 · 위베르 겟지, 그는 누구인가? 71 · 촛불 켜고 밥 먹은 날 75 · 시아버지 사레 걸린 날 78 · 전자레인지 사신 날 81 · 그놈의 드럼 세탁기 84 · 막상막하 88 · 파리지엔느 시어머니 91 · 인생은 아름다워 94 · 우리는 오누이? 97 · 며느리 사랑은 시아버지 100 · 쟈넷 잭슨 노출 소동 104 · 시집살이 107 · 바느질 싸움 110 · 그의 아들, 조시 113 · 남편과 대판 싸운 날 116 · 그 아버지에 그 아들 119 · 냉전 (상) 122 · 냉전(하) 125 · 아버지날 129 · 십계명 132 · 시누이, 카티 135 · 트레봉! 139 · 오, 메르드! 142 · 취미활동 145 · 눈물(상) 148 · 눈물(하) 151 · 서당개 풍월 읊던 날 154 · 시집살이 비교표 158 · 장수만세 161 · 시집살이 1년 보고서 165 · 이 여자가 사는 법 169 · 애완동물 이야기 173 · 파리는 불타고 있는가! 177 · 그래도 못다한 이야기들 181

3. 환장하게 맛있는 요리법

들어가기 전에 189 · 오렌지 소스와 닭고기 192 · 마늘소스 스파게티 195 · 구아카몰 198 · 리조또 201 · 멸치 스파게티 204 · 위베르식 야채 요리 207 · 파엘라 210 · 브로콜리 그라탱 213 · 소간 구이 216 · 오징어 요리 219 · 오소부코 222 · 따진 225 · 서양식 감자 요리 228 · 닭고기 마늘종 볶음 231 · 새우 페닝 소스 233 · 바스케즈식 닭고기 236 · 내가 즐겨 해먹은 요리들 239 · 각종 소스 만들기 242 · 국기에 대한 맹세 245

1. 화성에서 온 시아버지 금성에서 온 며느리의 먹거리 전쟁

전 세계 요리책을 다 구비해놓고 직접 만들어 드시는 식도락가 시아버지! 김칫거리를 준비하는 내 앞에 자리를 떠억 펴고 앉으시더니만, "배추가 너무 크니 더 잘게 썰어라." "직접 담그지 않고 왜 소금에 절이느냐." 등의 잔소리를 시작하신다. 게다가 오래돼서 너덜너덜해진 불어판 한국 요리책을 펼쳐놓고 "너 하는 게 요리책하고 다르다!"며 한국인인 나의 정체성을 송두리째 부인하시는 게 아닌가!

첫인사

"너, 중국 요리 할 줄 아니?"
"……네."
"집에 칼은 몇 개나 갖고 있니?"
"네? 잘 모르겠는데요……. 한 서너 개쯤?"
"웍(밑이 둥근 중국식 프라이팬)은 몇 개나 돼?"
"그게 뭔지 모르겠는데요……."
"뭐? 한국에서 왔다면서 그것도 몰라? 캐나다에 한번 와라, 내가 가르쳐주마!"
"네, 안녕히 계세요……."

이게 무슨 귀신 씨나락 까먹는 소리냐구? 이스라엘에서 만난 남편과 교제를 시작한 지 얼마 되지 않아, 부모님께 안부전화 드리는 남편 옆에 서 있다가 엉겁결에 넘겨받은 수화기를 통해 파란 눈의 시아버지와 나눈 첫인사이다.

그날로부터 정확히 1년 후 시작된 우리의 본격적인 '먹거리 전쟁'에 비하면, 이 괴상한 첫인사는 미미한 서곡에 불과했다는 걸 그때는 알지 못했다.

이미 시아버지의 특이한 성격과 요리에 대한 광적인 집착에 대해 듣긴 했지만, 그땐 남편과 심각한 관계가 아니어서 별 희한한 노인네 다 있다며 웃어넘겼었

다. 그런데 막상 외국인 할아버지와 영어로 더듬대며 부엌살림 얘기를 주고받고 보니 황당한 마음에 웃음도 나오지 않았다. 첫 대면부터 뭘 모른다고 구박받은 게 분해서 낄낄대는 남편에게 괜한 화풀이나 하고…….

전화를 끊고 '이런 이상한 부자와는 절대로 연결되지 말자!'고 맹세를 했건만, 지금 그 이상한 부자와 함께 살고 있으니 이 무슨 가혹한 운명의 장난인지 알다가도 모를 일이다.

옛날에 두 집안에 혼삿말이 오갈 때, 양쪽 어른들이 그 집에 논이 몇 마지긴지, 외양간에 소가 몇 마린지를 따져 묻는다는 얘긴 들었지만, 부엌에 칼이나 프라이팬이 몇 개인지를 묻는 서양 할아버지가 있다는 사실은 독자들도 처음 만났을 게 틀림이 없다.

그러나, 열아홉 먹은 새색시처럼 저고리 고름 입에 물고 입만 방긋하고 말 내가 아니었다! 일방적으로 당한 1차전의 패배를 설욕할 기회를 호시탐탐 엿보며 은밀하게 복수혈전을 시작했고, 시간이 흐르면서 시아버지도 만만치 않은 상대를 만난 걸 눈치채서 우리의 '살림살이 대첩'은 점점 흥미로운 양상을 띠게 된 것이었던 것이다.

기대하시라, 개봉 박두!

김치 소동

영국에서 우리끼리 조촐하게 결혼식을 올린 후 한 달짜리 휴가를 받아서 처음 캐나다 시댁을 찾았을 때 생긴 일로, 『조선김치실록』에 기록될 만한 대사건이 아닐 수 없다. 또한 개인적으론, 파란 눈의 시부모님께 한국 며느리의 참한 이미지를 심어드리기 위해 보름 동안 발바닥에 땀나도록 쌓았던 공든 탑이 통째로 무너져버린 안타까운 사건이기도 했다.

남편이 워낙 김치를 좋아해서 김치가 우리 밥상을 떠나본 적이 없는데, 시댁에 온 후로는 부엌을 장악한 시아버지 등쌀에 우리 둘 다 입 안에 가시만 돋고 있을 뿐이었다.

그러던 어느 날, 중국 가게에서 분말로 된 김치양념을 발견하고는 반가운 마음에 만지작대며 한숨만 쉬는 날 지켜보시던 시아버지가, 배추와 양념 봉투를 덥석 집어 장바구니에 담으시며 한번 담가보라고 뜻밖의 호의를 베푸시는 것이었다.

그분의 특이한 성격을 이미 파악하기 시작하던 참이라 내심 불안하긴 했지만, 이게 웬 떡이냐 싶어 당장 김치를 담그기 시작했는데, 아니나 다를까 초반부터 불안한 조짐이 비치기 시작했다.

김칫거리를 준비하는 내 앞에 자리를 떠억 펴고 앉으시더니만, "배추가 너무 크니 더 잘게 썰어라.", "직접 담그지 않고 왜 소금에 절이느냐." 등의 잔소리를 하

시는 것이었다.

    전 세계 요리책을 다 구비해놓고 직접 만들어 드시는 식도락가 시아버지는, 오래돼서 너덜너덜해진 불어판 한국 요리책으로 손수 김치까지 담가보셨다니 만만한 상대가 아니었다. 따라서 마음속으로 참을 인자 세 개를 새겨가며 자세히 설명해드렸음에도 불구하고, "너 하는 게 요리책하고 다르다!"며 한국인인 나의 정체성을 송두리째 부인하시는 게 아닌가!

    결국 "한국 사람인 제가 김치를 더 잘 알지, 아버님이 뭘 아신다고 참견이세요!" 하며 분통을 터뜨리는 내게 "맛대가리 하나 없을 테니 두고 보라!"는 악담을 남기고 시아버지는 주방을 나섰고, 저녁 때 풋내가 펄펄 나는 사연 많은 김치를 남편은 눈치도 없이 맛있다고 뽀뽀를 퍼부으며 먹어댔다.

    다음 날 아침, 제법 익어서 맛이 든 김치를 병에 넣어 냉장고 한쪽 구석에 잘 모셔두고 여행을 떠났다. 그리곤 3일 만에 돌아와 김치 확인부터 하는데, 아무리 찾아도 김치가 안 보이는 것이었다! 그때 우리 둘의 궁시렁대는 소리에 주방으로 들어오신 시아버지가 함박꽃 같은 미소를 지으며 하시는 말씀.

    "너희들 김치 찾냐? 그게 썩어가면서 냄새를 고약하게 풍기기에 내가 병째 버렸다!"

쩝. 썩어가는 게 아니라 맛있게 익어가는 거였는데…….
우리는 그날 밤, 어딘가에서 맛있게 익고 있을 김치 생각에 온밤을 뜬눈으로 지새웠다.

고추장 이야기

우리식이 '섞어찌개'라면, 프랑스식은 음식 고유의 맛을 한 가지씩 음미하는 '따로국밥'이란 걸 프랑스 요리를 즐기는 사람이라면 알고 있을 것이다. 한식을 좋아하는 남편도 식습관은 바꾸기가 어려운지 김치 등 반찬을 먼저 먹고 밥은 나중에 먹곤 해서 구박을 많이 했는데, 시댁에서 같이 식사를 하다 보면 내 접시만 온갖 음식이 뒤섞인 채 지저분해져 있어서 여간 민망한 게 아니었다.

이토록 멀기만 한 양국의 음식문화를 조금이라도 가깝게 만들기 위해 애써 온 노력이 번번이 수포로 돌아가 안타까움을 금치 못하던 중, 한국인의 자존심을 세워준 효자가 있었으니 바로 우리의 맛, 고추장이다.

한국 음식에 대한 시아버지의 거부반응을 김치 소동으로 엿보고 난 후, 또 무슨 평지풍파가 닥치지나 않을까 걱정하며 작은 수저에 고추장을 담아 조심스레 건넸는데, 단번에 "따봉!" 하시며 합격점을 주시는 게 아닌가? 그 후로 우리의 '태양초 찰고추장'은 이금기 칠리소스, 프랑스식 겨자소스와 더불어 우리 식탁 한 귀퉁이를 자랑스레 차지하고 있다.

고추장 얘기가 나와서 말인데, 남편이 난생 처음으로 고추장을 맛본 날을 생각하면 지금도 웃음이 난다.

결혼 후 처음으로 런던에 있는 한국 슈퍼에 간 남편은, 생전 처음 보는 신기

매운 고추장만큼이나 더 혹독하게 매웠던 똥꼬!!!

그날 밤... 조시는 똑바로 누워 잘 수 없었다...

한 음식들에 어린애처럼 들떠서 손에 잡히는 대로 장바구니에 담았다. 그리고 집에 돌아와 이것저것 맛을 보던 중, 붉은색 사각 플라스틱 통에 눈이 꽂힌 것이다.

    포크로 살짝 떠준 고추장을 맛본 남편은 "매콤달콤한 게 이런 맛은 처음"이라며 많이 먹으면 탈난다는 내 말도 무시한 채 아예 숟가락으로 퍼먹기 시작했다. 그게 무슨 딸기잼도 아니고, 맨입으로 고추장 반 공기를 비웠으니 그 속이 무사할 리 없었다.

    그날 밤, 초저녁부터 화장실을 들락거린 통에 기진맥진해진 남편이 "야, 고추장은 먹을 때도 맵지만 나갈 때는 더 매운 정말 신기한 음식이야."라고 했을 때, 삐질삐질 새어 나오는 웃음을 참지 못하고 밤새 키득거려야 했다. "ㅋㅋㅋ……."

짜파게티

　동·서양을 넘나드는 시아버지의 현란한 요리솜씨는 우리의 미각을 한 단계 업그레이드시켰지만, 정확한 계량으로 딱 4인분만 만드는 데다 5시 저녁식사를 끝으로 모든 음식공급이 차단되기 때문에, 먹성 좋은 우리 부부는 매일 밤 허기와 사투를 벌여야만 했다.

　그러던 어느 날, 이곳 슈퍼에서 한국산 컵라면을 발견하고는 잔뜩 사다가 우리 방에 숨겨놓고 커피머신으로 물을 끓여 밤참을 즐기기 시작했다. 하지만 영국에서 들고 온 짜파게티 두 봉지는 커피머신으로는 해결이 안 되는 종류인지라, 매일 밤 만지작거리며 입맛만 다시다 용기를 내어 시아버지께 보여드렸다. 그리고 각종 중국 요리 관련서적을 동원한 정밀검진 끝에야, 비로소 '먹어볼 만하다'는 긍정적인 판정을 받았다.

　고작 두 개 갖고 넷이 나눠 먹어야 하는 현실이 좀 아쉽긴 했지만, 이것만도 어디랴 하는 마음에 물이 끓기만을 기다리고 있는데, 주방으로 들어오신 시아버지가 역시나! 찬물을 왕창 퍼부었다.

　"너 그거 두 개 다 끓일 건 아니지? 오늘 저녁에 먹을 거 많으니까 하나만 끓여라!"

　그럼 그렇지! 어쩐지 순순히 허락하신다 했어!

라면에 밥까지 말아 싹싹 먹어야
겨우 든든한… 먹성 좋은 나였다.

근데…
정확한 계량과 칼로리 계산으로 차려진 쪼잔한 밥상.
난 늘 배가 고프다.

그래서…
견디기 힘든 허기를 밤참으로 달래고 있다.
아버님, 같이 드실라우?

결국, 고거 한 봉지만 달랑 끓여서! 고걸 또 넷으로 갈라서! 그것도 큰 접시에 담아! 샐러드까지 곁들여! 나이프와 포크로! 우아하게, 아주 우아하게 먹었다!

우등통한 내 너구리

　'밤참으로 몰래 컵라면 끓여먹기'는 결국 1주일 만에 시아버지께 들키고 말았다. 그런데 당신이 공급하는 지정 먹거리 외의 사식을 들여온 것에 불같이 화를 내실 줄 알았는데, 오히려 처음 보는 컵라면이 신기하다며 먹어보자고 하시는 것이었다.

　저녁에 다같이 둘러앉아 신라면 큰사발을 하나 끓여서 맛을 보는데, 어머니는 너무 맵다고 수저를 놓으시는 반면, 시아버지는 사레가 걸려 눈물콧물 섞인 기침을 하면서도 맛있다고 국물까지 다 드셔서 우리 부부를 놀라게 했다. 다음 날 시아버지의 재촉으로 중국 가게에 가서 온갖 종류의 한국 라면과 사발면을 사와, 매일 저녁마다 하나씩 끓여서 서양식 수프처럼 나눠먹는 새로운 전통이 생겼다.

　라면 끓이기에 점점 재미가 붙으신 시아버지는 야채와 계란으로 겉봉투 사진과 똑같은 라면을 끓여내셨는데 용법대로 끓여선지 맛도 기가 막혔다. 하지만 지나친 실험정신이 발동된 어떤 날은 브로콜리, 컬리플라워 등 온갖 종류의 서양 야채를 넣어 정체불명의 야채전골을 만들기도 했다.

　이 '불안한 행복'이 지속되던 어느 날, 외출했다 늦게 들어온 우리를 시아버지가 반갑게 맞으시며 "너희 주려고 수프 끓여놨다." 하시는데, 불길한 예감에 얼핏 휴지통을 보니 그냥 라면도 아닌 너구리 봉투가 보였다. 라면을 오래 끓일수록

구수한 맛이 나는 파스타 수프와 같은 거로 생각하신 시아버지께옵서 두 분이 식사하시던 두 시간 전부터 너구리를 미리 끓여놓으신 거였다.

해맑게 미소 지으며 냄비 뚜껑을 열어 자랑을 하시는데, 그렇지 않아도 오동통한 너구리가 '우둥퉁한 너구리'가 되어 냄비 안을 하얗게 채우고 있는 게 보였다. '오, 주여……!'

순간 정신이 아찔했지만, 그릇 가득 퍼주시며 우리가 맛있게 먹는 걸 보시려고 식탁에 마주 앉기까지 하시는 시아버지께 이번만은 도저히 진실을 밝힐 수가 없었다. 효녀 심청이 인당수에 몸을 던지는 심정으로 한 젓가락을 입에 넣으니 구역질이 바로 올라왔다. 바로 그 순간, 하늘이 도왔는지 전화벨이 울려 시아버지가 거실로 나가셨고, 나는 재빨리 육중한 라면가닥을 개 밥그릇에 쏟아 부었다.

시아버지가 주방으로 돌아오셨을 때 나는 새초롬이 앉아 샐러드를 먹고 있었고, 엄한 개만 사람들 밥 먹는 데 알짱거린다고 욕을 먹으며 쫓겨났다.

억울한 표정으로 쫓겨나며 계속 날 돌아보는 개에게 속으로 한마디 건넸다.

'알아, 알아. 그 대신 지난번에 김치 냄새 역겹다고 줄행랑친 거, 그거 용서해 줄게!'

개량숙면류

　　너구리 위기를 간신히 넘기고 며칠이 지난 어느 날, 저녁 수프로 '생우동'을 골라드리며 "이건 이미 반 익혀서 나온 거니까 2분만 끓이면 된다."고 상냥하게 용법을 설명해드렸다. 그런데 "세상에 그런 면은 없다!"고 정색하시는 시아버지를 보며 다시 적색경보가 울렸다.

　　어김없는 18번 등장. '쓰여 있는 걸 보여달라'는 시아버지의 말씀에 자세히 봉투를 살펴보니, '개량숙면류'라고 한글 표기만 돼 있을 뿐 우리 시아버지 같은 외국인이 이런 문제로 시비를 걸 거라고는 미처 예상치 못한 회사측의 부주의로 영문 번역은 찾을 수가 없었다.

　　'새로운 기법으로 미리 익혀서 나온 면'이라고 개량숙면류를 나름대로 풀어서 설명해드렸건만, '네가 뭘 모르고 하는 소리'라며 거실로 나가 '그놈의 책'을 또 들고 오셨다. 이태리 생파스타 만드는 사진을 보여주시며 '보이기만 익힌 걸로 보일 뿐 사실은 날것'이라고 계속 우기시는데, 진짜 보다 보다 이렇게 질기고 지독한 노인네는 내 평생 처음이다 싶었다.

　　"제가 치즈나 와인을 아버님보다 잘 안다고 하는 것도 아니고, 직접 먹어본 한국 국수를 설명하는데도 안 믿으시니 더 이상 드릴 말씀이 없다."고 최후진술을 마친 후 고개를 절래절래 흔들며 내 방으로 돌아왔다.

'전생에 무신 죄가 많아서 이런 노인네와 얽히게 됐는지' 신세 타령을 하며 누워 있는데 위층에서 계속 다투는 소리가 들렸다. 그리고 잠시 후, 벌게진 얼굴로 돌아온 남편에게 자초지종을 들은 나는 온 방을 데굴데굴 굴러야만 했다.

남편이 생우동을 식탁 위에 올려놓고, "첫째, 보시다시피 생파스타와는 달리 표면에 윤기가 자르르 흐르고, 둘째, 이렇게 눌러보았을 때 탄력적으로 다시 원상복귀되는 두 가지 사실로 미루어볼 때 이것은 익혀진 것이 분명하다."라고 과학적인 검증을 해 보였다는 것이다. 그에 대해 시아버지는 "이 밥통아, 네가 음식에 대해 뭘 안다고 큰소리야! 개미 꼬이니까 방에서 음식이나 해먹지 마!"라며 원색적인 대응을 하셨다는 것이다.

아~ 난 아무래도 이 두 남자를 절대로 미워할 수 없을 것만 같다.

참기름 파동

시아버지의 '먹거리 독재'가 거의 광적인 수준이란 걸 알기 시작하면서 일체의 요리활동을 접고 주는 대로 받아먹기만 하던 어느 날, 월간지 요리코너에 소개된 '한국식 닭고기 요리'를 한번 해보라는 주문을 받고 잠시 진의파악에 들어갔다. 그러다 파란 눈의 보통 시아버지처럼 '한국 며느리가 해주는 한국 요리를 맛보고 싶은 순수한 동기일 것'으로 결론을 내리고는 기꺼이 승낙을 했는데, 곧이어 추가 주문이 떨어졌다. 닭고기를 양념할 때 참기름도 함께 넣는 걸로 나와 있는 요리법이 틀렸으니 먹기 직전에 넣어달라는 것이었다.

순간 진실을 제대로 알려야 한다는 사명감에 불타올라 "나물무침이나 볶음요리, 국 등엔 먹기 직전에 넣지만, 고기를 잴 때는 육질을 연하게 하기 위해 미리 넣습니다."라고 공손하게 설명을 드렸는데, 역시나 '고맙다'는 말 대신 "모르는 소리 마라!"는 핀잔만 들려왔다.

전직 교사 출신답게 참고서 찾아서 정답 맞추길 좋아하는 시아버지는 요리책뿐 아니라 향신료, 채소, 과일, 쌀, 파스타 등 음식에 관한 모든 참고자료를 갖춰놓고 수시로 발생가능한 논쟁에 항상 완벽하게 대비하고 계신 분이었다. 잠시 후 결정적 증거물인 양 들고 오신 향신료 백과사전에도 "…… '주로' 향을 내는 데 사용되므로 먹기 직전에 넣는 것이 좋음"이라고 쓰여 있기에, "보시다시피 '주로' 먹

둘 다 요상한 일…

석유 때문에 미국이 이라크한테 시비거는 거나
참기름 때문에 시아버지가 며느리한테 시비거는 거나…

기 직전에 넣지만 고기 잴 때처럼 예외도 있다."라고 다시 말씀드렸더니, 문자─영·불문판─로 기록된 자료를 요구하셨다.

'바로 이 요리법이 증거' 라는 대답에 "너, 그 덜떨어진 퀘베커가 쓴 요리법을 믿냐?"라며 종족간의 분쟁으로 문제의 핵심을 변질시키시는 시아버지!

결국 당신 몫에만 참기름을 빼고 양념할 테니 나중에 넣어 드시라는 제의를 받아들여 겨우 타협점을 찾는 것처럼 보였는데, 참기름 뚜껑을 닫는 날 보시며 기어코 한마디 하신다.

"냄새 나가니까 병뚜껑 꼭 잠가라!"

그날 이후 지금까지도 당신이 옳다고 굳게 믿는 시아버지는 참기름을 음식에 넣을 때마다 "먹기 직전에 넣으니까 더 맛있지?"라며 내 속을 긁어대신다.

올리브 기름 때문에 싸우기만 했어도 이렇게 분하진 않을 텐데, 참기름 문제로 파란 눈의 시아버지와 부엌에서 쌈박질이라니, 내 인생이 어쩌다가 이렇게 요상하게 꼬여가는지 정말 알다가도 모를 일이다.

김밥

　이런 걸 두고 바로 '김밥 옆구리 터지는 얘기'라고 한다.
　시댁에 들어온 후 처음 맞는 시아버지 생신날. 여염집 외며느리처럼 상다리 휘어지게 생신상을 차려드리고 싶었지만, 며칠 전에 치른 참기름 전쟁의 후유증이 아직 채 아물지 않은 터라 '가만히 있는 게 선물'이라는 결론을 내렸다.
　그런데 생신을 며칠 앞두고 우연히 시아버지와 '일식 초밥' 책을 보다가, "전에는 자주 초밥을 만들어 먹었는데 요즘은 기력이 딸려서 관두었다."며 쓸쓸해하시는 걸 보자 안쓰러운 마음이 들어 "한국식 김밥을 만들어드리겠다."고 또, 먼저, 화인(禍因)을 제공하고야 말았다.
　내 말이 떨어지기가 무섭게 당장 주방으로 들어가 일본쌀, 김발, 김, 생강절임 등 소지하고 계신 관련 식용품을 전부 꺼내놓고 어린애처럼 들떠하시는 시아버지를 보니, 이번에야말로 뭔가 제대로 될 것만 같은 묘한 흥분에 온몸이 부르르 떨려왔다.
　생신 전날, 유부초밥, 맛살, 참치, 소고기 김밥 네 가지로 메뉴를 정하고 시아버지와 중국 가게에 가서 질이 떨어지는 유부를 제외한 모든 재료를 사올 때까지만 해도 모든 게 순조로워 보였다. 그러나 재료를 손질하는 내게 "밥을 내일 아침에 지어서 식힌 후 식초와 설탕으로 미리 간을 맞춰놓겠다."고 하시는 말씀을 들으

며, 이번에도 역시 조용히 넘어가긴 글렀다는 걸 알아차렸다.

김밥도 초밥처럼 식초와 설탕으로 간을 맞추는 것으로 생각하신 시아버지의 자상한 제의였지만, 순한국식 김밥을 대접하고 싶은 마음에 '김밥은 밥이 더울 때 참기름과 소금, 깨소금으로 양념을 해야 제 맛'이니 직접 하겠노라고 일언지하에 거절해버렸다.

또다시 강한 의혹을 제기하시며 거실로 사라진 시아버지는 평소처럼 증거자료 수집에 혈안이 되셨는데, 이번에는 별 소득이 없었는지 멋쩍은 얼굴로 돌아오셔서는 '밥은 당신이 짓고, 양념만 내가 하는' 절충안을 제안하셨다. 이렇게 해서라도 김밥 말기에 끼어들고 싶어하는 그 유별남에 벌린 입을 다물지 못했지만, 날이 날이니 만큼 가정의 평화를 위해 그분의 제안을 전격 수용하기로 결정했다.

다음 날, 파란 눈의 시아버지와 검은 눈의 며느리가 함께 만든 '한·프 합작 김밥'이 드디어 탄생했다. 시아버지가 밥을 좀 질게 하신 탓에 내 실력이 충분히 발휘되지 못해 속이 조금 상했지만, 시아버지를 비롯한 온 가족의 반응은 기대 이상으로 뜨겁기만 했다.

이리하야, 우리의 김밥은 파란 눈의 시부모님을 감동시킨 최초의 한국 음식으로 자리매김을 했다.

오징어 튀김

　　김밥 만들기 대성공으로 '한국 음식의 우수성'을 조금씩 인정하기 시작한 시아버지는, 내가 선물한 한국 요리책을 자주 들여다보시며 이것저것 관심을 보이기 시작했다. 그에 발맞춰 나는 김밥이 몰고 온 한식 열풍을 최대한 우려먹기 위해, 남편과 함께 몬트리올에 있는 한국 슈퍼에 가서 김치를 비롯해 해산물 등 한국 음식을 왕창 사왔다. 시아버지가 부탁한 마른 새우도 잊지 않고 사다드렸더니 '색이 핑크빛으로 최고 품질'이라고 마음에 들어하시기에, 이때를 놓칠세라 "요리할 기회를 한 번 더 달라."고 콧소리를 냈다.

　　오징어 튀김이라고 말씀드리면, 또 백과사전을 펼쳐놓고 오대양에 분포된 온갖 종류의 오징어 설명부터 시작해서 전 세계의 오징어 요리를 비교 분석하는 중단 없는 강의를 시작하실 게 뻔해서 메뉴는 비밀에 부쳤다.

　　운명의 그날, 만두를 찜기에 찌고 튀김 준비를 하는데, 기름 종류만도 다섯 가지가 넘어 도대체 뭐가 튀김용인지 찾을 길이 없었다. 결국 하는 수 없이 메뉴를 이실직고하며 시아버지께 도움을 청했다.

　　튀김이라는 말에 펄쩍 뛰시며 "기름이 얼마나 드는데 튀김을 하느냐, 내가 요리할 테니 너는 일선에서 물러나라."며 주방으로 들어가시려는 시아버지를 바라보는데, 머리에서 김이 모락모락 나기 시작했다.

"싫어요! 오늘은 제 차례니까 제 맘대로 할 거예요. 기름 사다 채워놓을 테니 좀 빌려주시든지, 아님 감자튀김 하고 병에 담아놓은 거라도 쓰게 해주세요!" 하고 물러서지 않는 내게, "감자는 야채라서 해산물과 같은 기름을 쓰면 안 돼!" 하시며 맞고함을 치시는 쫀쫀한 시아버지!

난 드디어 이성과 효성과 매너 등 잃을 수 있는 건 모두 잃어버리고 말았다. 앞치마를 벗어던지며 "마음대로 하시라!"고 악을 쓴 후, 주방으로 가서 그 맛나는 튀김재료를 눈물을 머금고 쓰레기통에 쏟아버린 것이다.

고함소리에 뛰어 올라온 남편이 버린 재료를 쓰레기통에서 다시 꺼내 물에 씻으면서, 자기가 할 테니 하는 법만 가르쳐달라고 살살 달래는 걸 보니 우습기도 하고 가엽기도 했다. 시아버지와 음식 문제로 다툼이 날 때마다 눈썹을 휘날리며 달려와 내 편이 되어준 사람이 아니던가!

결국 마음을 돌려먹고, 남편이 찾아낸 기름으로 '왠수 같은 오징어 튀김'을 만들어서 저녁에 다같이 먹는데, 이번엔 진짜 시아버지가 미워서 권하고 싶은 마음이 눈곱만큼도 없었다. 하지만 튀김을 흘끔거리는 시아버지를 보니 또 마음이 약해져서 튀김 몇 개를 접시에 조용히 올려드렸더니, 아작아작 아무 말씀 없이 드시다가 나와 눈이 마주쳤다.

썩은 미소와 함께 내뱉으시는 한마디. "맛있긴 한데, 튀김 가루를 얼음물에 풀었으면 더 바삭했을 텐데……."

찬밥 한 덩이

중국 가게에서 사온 태국산 쌀 한 포대를 그윽이 바라보시며 '세계 최고'라고 침이 마르게 칭찬하시는 시아버지께, '경기도 이천 쌀을 모르시는 무식한 말씀'이라고 하려다가 관두었다. 잠시 후, 쌀포대에서 나온 쪽지를 건네주시며 통역을 해보라기에 자세히 보니, "햅쌀이라 물을 적게 먹으니 평소보다 물을 덜 넣어야 한다."라고 적혀 있었다.

곧이어 쌀 품평회를 시작하신 시아버지가 "햅쌀이 묵은쌀보다 더 가볍고 값도 싸다."라고 하시는데, 나도 긴가민가 잠깐 헷갈리기 시작했다. 이는, 시아버지와 김치나 참기름, 생우동 등 한국 음식을 놓고 벌인 소동 끝에 생긴 증상으로, 시아버지가 눈을 부릅뜨며 당신이 맞다고 우길 때면 '혹시 시아버지가 맞고 나와 우리 조선 민족 전체가 틀린 게 아닐까?' 하고 헷갈리게 되는 것이다.

이번에도 시아버지가 잘못 알고 계신 걸 눈치챘지만, 배가 고파서 전의를 상실한 탓인지 '올림픽에서 금메달 따는 일도 아닌데 그냥 져드리자.'는 쪽으로 마음이 기울었다.

마음을 곱게 써서 하늘도 감동했는지 그날따라 밥을 넉넉히 하셔서, 점심에 중국식 고기볶음과 실컷 먹고도 밥이 남아, 버리라는 시아버지를 설득해 저녁 때 또 먹게 되었다. 시아버지가 며칠 전 끓여놓으신 야채 수프가 우리 나라 국과 맛이

아버님이 가장 두려워하시는 나의 요리법은
계량·비율 없는 '손대중' '눈대중'식 요리법!
우쨌든, 맛만 좋으면 되는 거 아니냐고요…

비슷해 냄비에 수프를 덜고 찬밥을 넣어 '꿀꿀이죽'을 끓이고 있었는데, 평소처럼 부엌을 기웃거리던 시아버지가 냄비 뚜껑을 열어보고는 밥이 너무 많다고 기겁을 하셨다. 우리 나라 국밥과 비슷한 중국식 꽁즈 요리법에 따르면 물과 쌀의 비율이 10:1이라나?

"한국식은 일정한 비율 없이 먹고 싶은 만큼 넣어 먹는다."는 대꾸에 아무 말씀 없이 거실로 나가시더니만 엉뚱하게도 시어머니께 투덜대기 시작하셨다. 내 불어 실력이 이제, 먹는 얘기나 남이 내 흉보는 거 알아들을 정도는 되는데, 내 실력을 무시한 시아버지가 "쟤는 뭐든지 지가 제일 잘 안다고 큰소리야. 뭐라고 말만 하면 '한국에서는요, 한국식은요' 하고 따진다니까!" 하며 뒤통수를 때리시는 거였다!

한국 사람이 한국식대로 사는 것도 흉이 되는 현실에 한숨이 절로 나왔지만, 시아버지의 험담도 꿀꿀이죽을 기다리는 내 행복감을 깨지는 못했다.

잠시 후, 아무것도 못 알아들은 척 발랄하게 '한국식 꽁즈'를 한 사발씩 돌렸는데, 시아버지도 시침 뚝 떼고 맛있다며 한 사발을 뚝딱 해치우시는 게 아닌가!

그 며느리에 그 시아버지, 음흉한 두 인간이 제대로 만났다.

밥 짓기

"익, 쌀은 왜 씻냐?"
"어, 약속 안 지키시고 왜 들어오셨어요?"
"나는 주스도 못 마시냐? 근데 왜 쌀을 씻어?"
"'벌써 씻었다' 라는 표시가 없는 모든 쌀은 씻어야 돼요!"
"파스타는 안 씻는데, 쌀은 왜 씻어?"
"파스타는 삶은 물을 버리지만, 쌀은 물도 같이 먹잖아요!"
"그럼 지금까지 쌀 안 씻고 밥해온 내가 틀렸다는 말이네?"
"꼭 그런 건 아니지만……."

절대! 내가 밥 짓는 걸 간섭 안 하기로 손가락 걸고 도장까지 찍었건만, 못 미더워 안달이 난 시아버지가 주스를 핑계로 들어오셔서 또 잔소리를 시작하신다. 그리고 잠시 후 다시 돌아오신 시아버지. 밥솥에 손을 넣어 물을 재는 날 보고는 거의 기절초풍!

"으악, 쌀은 더럽다고 씻더니만 거기다 손은 왜 집어넣냐?"
"밥물 재는 거예요. 쌀 씻을 때 손도 씻어서 깨끗해요!"
"손 큰 사람은 어떻게 하라고 그렇게 물을 재냐?"
"진밥 먹어야죠, 뭐!"

"끄~~웅."

이상이 요즘 위장에 탈이 났다는 핑계로 저녁엔 밥을 먹게 해달라는 간청을 수락하신 시아버지와 벌인 밥 짓기 소동이다.

우리가 가정책에서 배운 그대로—물 양은 쌀의 1.5배, 밥 끓기 시작하면 불을 줄인 후 12분을 타이머로 맞추고, 불을 끈 후 5분간 뜸을 들임—밥을 짓는 시아버지는 내게도 메모를 해주시면서 "꼭 이대로 지어야 한다."고 신신당부를 하셨다. 그러나, 아시아에서도 손꼽히는 쌀 소비 국가 한국에서 온, 밥 짓기 경력 20년째의 중늙은이 새댁인 내가, 파란 눈의 시아버지가 건네준 쪽지대로 밥을 지어 가문에 누를 끼칠 수는 없는 일이 아닌가?

평소에도 당신이 가르쳐주는 대로 안 한다고 불평이 많던 시아버지, 이날도 암행시찰로 '무식한 밥 짓기'를 적발하고는 하루 종일 궁시렁대셨다.

휴~ 밥 한번 해먹기가 이렇게 힘들어서야, 원!

르 카페!

"르 카페!" 소리와 함께 아드레날린 분비가 왕성해지면서 호흡과 맥박이 빨라지기 시작하자, 좀더 앉아 있고 싶은 원초적 본능을 가까스로 억제하고 서둘러 옷을 추스르며 화장실을 나섰다. 그때만 해도 '군대 점호나 민방위 훈련도 아니고 이렇게 하면서까지 저 맛없는 커피를 마셔야 되나.' 하고 속으로만 툴툴거렸지, 쿠데타는 꿈도 못 꾼 채 한 달간 100여 잔의 커피를 마셔야만 했다.

이 요상한 '르 카페'와의 첫 만남은 4년 전으로 거슬러 올라간다.

처음으로 시부모님과 상견례를 가진 다음 날 아침, 더 자는 게 좋을 거란 남편의 말에 '한국 며느리의 참맛을 보여드리겠다'고 방방 뜨며 주방으로 올라갔다. 새벽 5시 반에 일어나 이미 하루 먹거리 준비를 다 마치시고 커피를 들고 계시던 시아버지는, 나의 등장에 반색을 하시며 세상에서 가장 맛있는 커피 '르 카페'를 내미셨다.

커피잔만 보고 에스프레소일 거라 짐작했는데, 쓰디쓰고 달디달며 밑바닥엔 커피가루가 그대로 남아 있는, 생전 처음 맛보는 끔찍한 커피였다. 첫날이라 잘 보여야 한다는 일념으로 오만상을 참아가며 커피를 마시는 내게, 주전자에 직접 간 원두와 물, 설탕을 넣고 끓이는 터키식이라고 자랑을 늘어놓으시는 시아버지!

한 잔 더하겠냐는 시아버지께 차마 '노!'를 외치지 못하고 방긋 웃은 탓에 한

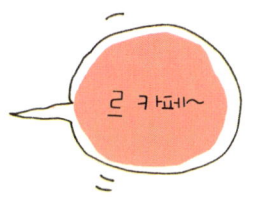
르 카페~

이 소리만 들렸다 하면…

큰 걸 보고 있다가도 과감히
중간에 끊어야 하고…

럭셔리한 어머님도 대충
걸쳐 입고 나와야 하고…

어정쩡한 고공쇼(?)를 보이며
1분 안에 집합을 한다.

잔 더, 나중에 온 가족과 함께 한 잔 더. 괜히 일찍 일어나서 설쳐댄 탓에 일일 권장량보다 무려 두 잔이나 더 마신 것이다!

맛도 맛이지만 끓이는 방법이 재래식이다 보니, 뜨거울 때 모두가 함께 마시기 위해 "르 카페!" 소리만 들렸다 하면 짱가보다 더 빨리 1분 안에 집합해야 하는데 진짜 비극이 있었다. 무슨 산삼 달인 물도 아닌데 그 쓰디쓴 커피를 마시겠다고 하루에 세 번씩 쿵쾅거리며 집합하는 모습을 볼 때면 코미디도 이런 코미디가 없었지만, 아무도 감히 불평하지 못했다.

그러나 내가 누구인가! 그로부터 2년 후, 이민 수속을 마칠 때까지 캐나다 시댁에 머물기로 결정을 내렸을 때, 마실 만하다는 남편을 꼬드겨 매일 3회에서 1회로 줄여줄 것을 시아버지께 말씀드리기로 합의를 보는 데 성공했다.

도착한 다음 날, 커피를 마시며 남편이 비장한 각오 아래 말씀을 드렸는데, 평소처럼 이유를 캐물으시며 "이 커피가 세상에서 가장 맛있는 커피임을 증명해 보이겠다."고 열을 내실 줄 알았던 시아버지가 "알았다." 하시며 순순히 주방을 나서시는 게 아닌가? 어깨를 축 늘어뜨리고 힘없이 돌아서는 그 모습이 너무 애처로워서, 하마터면 "아버님, 저희가 죽을 죄 지었으니 다 용서하시고 그냥 세 번 다 주세요!" 하고 무릎을 꿇을 뻔했다.

그러나, 마음 독하게 먹고 그날 당장 커피머신을 사서, 이 악몽의 커피클럽에 43년째 강제로 소속돼 있는 어머니의 부러움을 뒤로하고 우리만의 향긋한 커피를 지금까지 즐기고 있다.

2. 좌충우돌 문화 충돌기

이미 40개가 넘는 칼을 품고 계시면서도 '칼집과 칼갈이를 선물로 받을 수 있다'는 홈쇼핑 선전에 넘어가 또 주문하겠다는 시아버지와 이를 말리는 시어머니 사이에 한판 불꽃이 튀었다. 그러나 '칼집과 칼갈이'에 눈이 뒤집힌 시아버지를 말릴 자 그 누구랴. "당신의 화장품 주문에 간섭하지 않는 것처럼, 나의 취미활동도 존중해달라."는 시아버지의 투쟁은 '주문 불간섭 협정'이라는 승리를 가져왔다.

말이 안 통해

유대인이 외국어에 능하다는 사실은 이미 잘 알고 늘 부러워하고 있었지만, 직접 부대끼며 살아보니 보통 피곤한 일이 아니었다. 유대인인 시아버지는 불어는 물론 영어도 곧잘 하시고, 히브리어, 아랍어, 이탈리아어까지 틈날 때마다 '묘기대행진'을 펼치시며 내 속을 긁어대시기 때문이다.

그에 비해 시댁에 처음 왔을 때의 내 불어 실력은 20년 전 여고에서 배운 게 전부로 대화가 불가능한 수준이어서, 남편 없이는 어머니와의 의사소통이 거의 불가능했고, 시아버지와는 영어로 짧은 대화만을 이어갈 뿐이었다. 게다가 식사시간 외에도 티타임·커피타임 등 하루에 적어도 여섯 번은 '가족 얼굴 확인 모임'이 벌어지는 집안이라, 남편 없이 셋이 모이기라도 할 때는 멀뚱멀뚱 멋쩍기 짝이 없었다.

따라서 이 어색한 자리는 남 가르치기 좋아하고 아는 것 뽐내기 좋아하는 시아버지의 장기자랑으로 이어지곤 했는데, 각종 요리책이나 백과사전을 펼쳐놓고 "너 이거 이탈리아어로, 아랍어로, 히브리어로 뭔지 아냐?"며 영어와 불어만으로도 골머리 터지던 나를 더 괴롭히시는 게 아닌가. 새 단어를 알려주시는 걸로만 끝나지 않고, '죽어도 안 되는 발음'을 교정해주겠다며 반복연습을 시키고 수시로 '쪽지시험'까지 보셔서, 그야말로 음식 고문에 이은 언어 고문이 시작된 것이다.

결국 나도 궁리 끝에 한국어로 그분을 역공격하기 시작했으니, '떡볶이, 쌀,

된장, 설렁탕, 막걸리, 부침개' 등 발음이 까다로운 단어만 골라서 같은 방법으로 괴롭혀드린 것이다. 이 방법은 곧 먹혀 들어가 시아버지의 증세는 호전되기 시작했고 나도 좀 편해지는 듯했다.

그러던 어느 날, 전날 밤 남편과 늦게까지 말다툼을 하고 아침도 거른 채 퉁퉁 부어 누워 있는데, 그냥 오셨으면 더 좋았을걸 '그놈의 커피'를 손수 들고 시아버지가 우리 방을 찾으셨다. 다정하게 자초지종을 물어보시는 시아버지가 너무 고맙고 남편과 싸운 게 너무 서러워 훌쩍대며 영어로 말씀드렸더니, "남편을 혼내주고 재발방지에 최선을 다하겠다."며 방을 나가셨다.

잠시 후, 흥분한 모습으로 들어온 남편을 보며 시아버지께 혼이 난 걸로 지레짐작하고 고소해하는데, 남편 왈.

"너 아버지한테 뭐라고 했니?"

"사실대로 말씀드렸지. 왜? 당신 혼났지?"

"아니! 네가 뭐라고 뭐라고 열심히 설명은 하는데 하나도 못 알아듣겠다고 하시던데?"

에고, 에고, 내 팔자야! 사실은 울먹거리는 내 영어 발음을 하나도 못 알아들으신 채 공수표만 남발하고 떠나셨던 거였다!

장보기 소동

시아버지와 벌인 각종 소동을 읽다 보면 자칫 나를 '가사활동에 굶주린 음전한 전업주부'로 오해할 소지가 있는데, 나는 단지 맛있는 한국 음식을 내 손으로 해먹고 싶어 안달이 난 '굶주린 국제결혼의 희생양'일 뿐이다. 더구나 24시간 철통경비로 부엌을 완전 장악하고 있는 시아버지 때문에 솥뚜껑 운전이 가끔은 근사한 '작품 활동'으로 보일 만큼, 나의 시집살이는 애처롭고 지루하기만 하다.

그럼 이쯤에서, 독자의 이해를 돕기 위해 나의 하루 일과를 잠시 살펴보기로 하자.

"르 카페!" 소리와 함께 제일 꼴찌로 일어나 아침을 먹고, 시어머니와 산책을 갔다 온 후, 아래층 우리 공간을 청소하고, "아 라 타블!" 소리와 함께 점심을 먹고, 온 가족이 들러붙어 설거지를 마치고 낮잠을 잔 후, 불어 공부를 하거나 컴퓨터로 시간을 때우다가, 2시가 되면 "르 테!" 소리와 함께 녹차와 비스킷 두 개를 먹고, 5시에 저녁을 먹고 나면 어느새 공식 소등시간 7시 30분이 된다.

과중한 가사일에 지친 한국 며느리들에겐 펼쳐놓기 미안한 일과지만, 이런 생활을 1년 넘게 해보라. "노동 3권 보장하라!"며 투석전이라도 벌이고 싶어진다.

그나마 가장 할 일 많은 날은 매주 금요일로, 목요일 저녁부터 작성해둔 쇼핑 리스트를 들고 시아버지와 시어머니, 나 셋이서 슈퍼로 출동하는 날이기 때문이

다. 하지만 처음엔 재미있던 이 일도, 카트를 끌고 앞장서는 시아버지 뒤를 어머니와 졸졸 따라다니며 야채 잘 담으시라고 잽싸게 비닐봉투 펴드리는 내 모습이 청승맞고, 쇼핑에 장애가 되는 건 사람이든 카트든 무자비하게 뚫고 지나가는 시아버지 때문에 쪽팔리기를 거듭하다 보니 점점 흥미를 잃어가는 형편이다.

다만 만나는 사람마다 한국에서 온 며느리라고 인사시키고, 특히 중국 가게에 가서 당신의 박식한 상품상식 자랑하는 걸 큰 낙으로 삼는 시아버지 가슴에 못을 박지 못해 꾹 참고 있을 뿐이다.

시아버지의 장보기는 불문율도 많아서, 리스트에 없는 충동구매는 절대엄금에, 어머니가 다른 데서 기웃거리기라도 하시면 금세 불호령이 떨어진다. 내게도 말씀은 "먹고 싶은 거 있으면 고르라."고 근사하게 하셔서 처음엔 멋모르고 진짜로 골랐다가 큰 낭패를 봤는데, 이 생활도 1년을 넘고 보니 이젠, 절대, 함정에 빠지지 않는다!

그러나 잡초같이 질긴 생명력을 가진 두 여인은, 이런 불우한 환경에도 불구하고 먹고 싶은 신제품을 눈으로 찜해놨다가 밀반입해서 즐기는 노하우를 터득하고야 말았다. 이 잔재미에 장보기를 계속하고 있으니, 시아버지를 좀 속인들 누가 이 여인에게 돌을 던지랴?!

김치 뽀뽀

뽀뽀 잘하기로 소문난 프랑스 사람들의 인사법 때문에, 동방예의지국에서 온 순진한 아낙네, 나 전희원은 오늘도 어김없이 시달림을 당하고 있다.

처음 시부모님을 만나러 가는 비행기 안에서, 남편에게 시아버지와 관련된 각종 주의사항을 전달받고 암기하며 마음의 준비를 단단히 했었다. 내용인즉, '하나, 음식에 대해 절대 짜다, 달다 토달지 말고 무조건 맛있다고 해라. 둘, 식사시간 외엔 주방에 얼쩡대지 않는 게 좋다. 셋, 보자마자 덥석 안고 뽀뽀해도 놀라지 마라.' 등이었는데 실제 맞닥뜨린 현실은 그보다 훨씬 가혹하기만 했다.

날 보시자마자 덥석 안으시며 양 볼에 두 번 '쪼~옥' 하고 뽀뽀를 하시는데, 서른을 훌쩍 넘어 남편도 아닌 외간 할아버지에게 뽀뽀를 받는 게 영 낯짝 간지러운 일이 아닐 수 없었다. 게다가 '한 달 후 작별인사할 때까지는 무사할 거' 라는 생각이 곧 착각으로 드러났으니, 도착 당일부터 아침 · 저녁 인사는 물론 낮잠 인사까지 총 6회의 정기 뽀뽀에, 가끔 외출이라도 하실 때면 보너스로 2회 추가, 따라서 많은 때는 하루에 여덟 번까지 뽀뽀를 해야만 했다.

따라서 '세 번의 커피와 여섯 번의 뽀뽀' 는 첫 방문 한 달간 나를 가장 괴롭힌 최악의 두통거리였다.

처음엔 잔머리 쓴답시고 뽀뽀할 시간이 되면 일부러 화장실로 들어가거나

정원으로 나가곤 했는데, 날 부르시든지 돌아올 때까지 기다리고 계셔서 아무 소용이 없었다. 출근부에 도장 찍듯이 두 여인의 뽀뽀를 받으셔야만 침실로 향하시는데 뭔 수가 있겠는가?

결국 꾀부리기를 포기하고 효도하는 심정으로 열심히 뽀뽀를 하던 어느 날, 남편과 한국 슈퍼에 가서 봉투가 빵빵한 '종갓집 김치'를 사왔다. 우리 둘 다 신김치를 좋아해서 냄새를 없애려고 상에 촛불을 켜놓고 열심히 먹는데, 아직도 신김치를 썩은 김치라고 주장하는 시아버지가 '탈나니까 버리라'며 눈살을 찌푸리셨다.

더구나 먹고 남은 음식을 개에게 주었더니, 그 냄새 고약한 블루치즈까지 먹어치우는 녀석이 김치 냄새를 맡더니만 줄행랑을 치는 게 아닌가! 어이없이 바라보는데, 또 스물스물 잔꾀가 피어올랐다. 그래서 냉큼 "김치 냄새가 워낙 지독해서 한국 사람들도 김치 먹은 후엔 절대 뽀뽀를 안 한다."고 말씀드리며 이번만큼은 성공을 확신했다.

그런데 시아버지 왈. "한번 해봐라, 어떤가 보게!"

일부러 김치 냄새를 화~악 풍기며, 쪼~옥!

"거참 희한하다. 김치 냄샌 고약하더니만 김치 뽀뽀는 괜찮네. 걱정 말고 계속해도 되겠다!"

이태리 타월 소동

지난 월드컵 때 우리가 이태리를 꺾고 4강에 진출한 걸 배 아파하던 이태리랑 시비가 붙어서 '전 국민 이태리 타월 찢어버리기 운동'이 일어났었다는 얘기를 전해듣고 한참을 웃은 기억이 있다. 그런데 이곳 캐나다 퀘벡에서 일어난 '이태리 타월 소동'도 그에 만만치 않다.

작년 3월 말, 나날이 드세져만 가는 '시아버지 먹거리 독점 공급 정책'에 넌덜머리가 나서, 인정 많고 먹을 거 풍부한 내 나라, 내 땅을 찾아 떠난 적이 있다. 그곳에서 남편 생일을 맞았는데, 나만 혼자 빠져나와서 잘 먹고 잘 지내는 게 미안한 마음에 이것저것 남편이 좋아하는 걸 잔뜩 사서 부쳤다.

4개월 후, 심기일전해서 돌아와 열심히 설거지를 하던 어느 날 저녁, 병 닦는 솥을 찾아 싱크대를 열어본 나는 뭔가 낯익은 물건 하나를 발견하고는 문자 그대로 '웃겨 죽는 줄' 알았다. 근육질 팔 때문에 등 미는 데 늘 골치를 앓는 남편에게 생일선물로 부친, 자루 달린 이태리 타월이 캐나다산 병 닦는 수세미 옆에 나란히 걸려 있는 것이 아닌가?

여러 번 썼는지 이미 거무스름해진 타월을 들고 남편에게 달려가 사건의 전말을 듣고는, 다시 한번 실성한 여자처럼 자지러져야만 했다.

남대문 시장에서 사다 부친 한국 냄새 물씬 나는 물건들—등긁기, 지압기, 의

자 다리 커버, 다기세트 등—을 받은 시댁 식구들은, 모든 물건을 식탁 위에 펼쳐놓고 부시맨이 콜라병을 발견했을 때처럼 '물건 용도 알아맞히기 긴급 회의'를 열었단다.

중국 만물상 단골인 시아버지가 다른 물건은 어렵지 않게 용도를 찾아냈는데, 생전 처음 보는 이태리 타월만큼은 책을 뒤지는 등 오만법석을 떠시고도 알아내지를 못하셨다. 그러나 '모든 도구의 부엌용품화'에 평생을 바쳐오신 시아버지는, '옷솔이나 청소도구일 거'라는 시어머니와 남편의 주장을 묵살하고 설거지용 수세미라고 강력하게 밀어 부치셔서, 개수대 밑에 아담한 자리까지 마련해두셨다는 것이다!

부드러운 스펀지나 면으로 샤워하는 시댁 식구들에게 이 '강력한 때밀이'를 이해시키기가 쉽지 않아서, 시부모님께는 수세미가 맞다고 말씀드리고, 남편에게만 진실을 털어놓았다. 그렇지 않아도 우리 문화에 대해 여러 가지로 편견이 많으신 시아버지께 우리 민족이 특별히 때가 많은 민족으로 비쳐질까 염려한 애국충정에서 우러나온 선의의 거짓말인 셈이다.

때가 있는데도 안 미는 민족이 미개한 건지, 나오는 대로 쓱쓱 밀어대는 민족이 미개한 건지, 아~ 헷갈린다, 헷갈려…….

위베르 겟지, 그는 누구인가?

우리는 이쯤에서, 파란 눈의 시아버지가 아닌 '인간 위베르 겟지'를 파헤쳐 볼 필요가 있다!

첫째, 그의 눈 색깔은 '누리끼리하면서 푸르딩딩'한데 외국인을 흔히 파란 눈에 코쟁이로 표현하는 우리 민족 정서에 맞춰, '코쟁이 시아버지'와 '파란 눈의 시아버지'를 놓고 치열한 경합을 벌인 끝에 후자를 택했다.

둘째, 국적은 프랑스지만 사실은 100년 넘게 프랑스의 식민지였던 북아프리카의 아랍국 알제리에서 태어난 유대인으로, 프랑스로 건너왔다가 캐나다로 이민을 온 '유대인 아프리칸 프랑스 캐나다인'이다.

알제리의 독립전쟁과 함께 시작된 박해를 피해 온 가족이 프랑스로 건너오면서부터 그의 고달픈 떠돌이 생활은 시작되었는데, 알제리 출신의 유대인이라는 이유로 회사에서 부당한 대우를 받아오다 코르시카로 전근된 것을 계기로 사표를 낸다.

그 후 1960년대 중반, 온 지구를 강타한 전염병 '아메리칸 드림'에 걸려 캐나다로 이민을 왔지만, 먹거리라곤 감자와 양파뿐인 열악한 식량 상황에 기겁을 하고 되돌아가려 했다가, 허술한 퀘벡 교육계의 허점을 이용해 졸지에 선생님이 되면서 눌러앉기로 작정한다.

예술 과목을 가르칠 때 만든 교과서가 현재도 퀘벡 고교에서 사용되고 있을 만큼 교육계에 혁혁한 공을 세웠지만, 반사회적인 성미로 교사들 사이에서 왕따를 당해오다 결정적으로 교장 눈 밖에 나면서 강제 해직을 당한다.

3년간에 걸친 법정 투쟁 끝에 상처뿐인 승리를 거두게 되었으니, 이미 전 퀘벡 교육계에 유명 인사가 되어버린 시아버지를 아무도 불러주는 이 없어, 한창 일할 사십 대 후반에 고학력 실업자가 되어버린 것이다.

그 후, 이것저것 손대는 것마다 제대로 되는 일 없이 보상금만 축내다가 결국 집에 들어앉아 자신을 버린 전 세계를 원망하며 빗장을 굳게 걸고 쇄국정책을 시작하는데, 설상가상으로 심장에 이상이 생겨 두 번에 걸친 대수술을 받으며 생사의 갈림길에 서게 된다.

따라서, 모든 열정과 분노와 지식과 재능은 자연스럽게 집안 대소사와 가족, 애완동물에게 퍼부어졌고, 특히 요리책을 뒤져 어머니께 주문한 음식이 맛대가리 없다고 시비를 걸던 끝에 본인이 직접 앞치마를 두르기 시작한다.

오묘한 먹거리 세계에 빠져든 지 반년 만에 쿠데타를 일으켜 어머니로부터 곳간 열쇠를 반 강제로 뺏어 부엌 점령에 성공한 후, 지금까지 30년 이상 장기독재를 하고 있는 것이다.

멀쩡한 가장이 사회에서 억울하게 매장당한 후 부엌의 독재자가 되기까지의 과정을 살펴보고 나니, 그의 기행이 충분히 이해가 가고도 남음이 있지 않은가?

촛불 켜고 밥 먹은 날

이 추운 땅 퀘벡에서도 영하 40도를 넘는 추위가 며칠째 계속되는 건 30년 만에 처음 있는 일이라고 뉴스에서 연일 떠들어댄다. 그토록 추운 어느 날, 저녁을 먹으러 올라간 주방이 너무 어두침침해서 불을 켜려고 보니, 식탁 위에 촛불이 놓여 있는 게 아닌가!

캐나다처럼 추운 나라는 땅이 자주 얼어 가스 폭발 사고가 많아서, 난방은 물론 조리 기구도 가스가 아니라 전기를 주로 사용하기 때문에, 정부에서는 각 가정에 전기료가 비싸게 나가는 때를 알려주는 절전 장치를 붙여주고 절전을 강조한다고 한다. 그래서 요즘같이 추위가 계속될 때는 늘 빨간불이 켜져 있는 걸 나도 본 적이 있다.

그런데 전기료가 문제가 아니라 혹시 전열공급에 차질이 생겨 요리를 중단해야 할 사태가 벌어질까 미리 염려하신 시아버지께옵서 필요도 없는 전기 차단에 나섰고, 그 결과 식탁 위에는 초가, 식탁 옆에는 비상사태에 대비한 휴대용 버너가 놓이게 된 것이다. 어머니께 듣자니 지난 20년간 최악의 정전사태는 단 한 번도 발생하지 않았다는데도, 시아버지는 꿋꿋하게 당신의 대비책을 고수하신다는 것이다.

시아버지의 심각한 표정 때문에 대놓고 웃지도 못하고, 어슴푸레한 촛불 아래서 시부모님과 셋이서 식사를 하는데 삐질거리는 웃음을 참느라 정말 난감했다.

특히 치즈 자르실 때는 불이 너무 어두웠는지 렌지 위에 달린 조명등을 살짝 켜셨다가 얼른 끄시는 모습에 허벅지를 꼬집고 입을 틀어막아야 했다.

남들은 캐나다로 시집가서 잘 먹고 잘 사는 줄 아는데…… 언니, 나 촛불 켜고 밥 먹고 있어!

시아버지 사례 걸린 날

　평생을 시아버지의 일방통행에 억눌리며 살아오신 시어머니는 우리 부부와 함께 살게 된 것이 천군만마를 얻은 듯하다며 늘 고마워하신다. 특히 국적은 달라도 같은 여자라는 이름으로 뭉친 우리에겐 끈끈한 그 무엇이 있어서, 시아버지의 고함에 늘 가슴 벌렁벌렁해하시다 결국 협심증에 걸리신 시어머니는 나의 용감하고 귀여운 반항에 열렬한 지지를 보내는 최고의 후원자가 되셨다. 나중엔 내가 개발한 '우리만의 귀여운 복수혈전'에도 적극 동참하셔서, 둘이 뭉치기만 하면 시아버지 골려주느라 입을 틀어막고 웃어야 했다.

　예를 들면, 부엌에서 잔소리하시는 시아버지의 등 뒤에서 시아버지를 흉내내며 숨죽이고 키들대거나, 그분이 한눈을 파는 새에 그분 접시에 음식을 더 퍼담거나, 소금과 후추를 듬뿍 뿌리는 일 등이다. 그 중 등 뒤에서 키들대는 건 며칠 전 이상한 낌새를 눈치채신 시아버지가 갑자기 뒤를 '홱!' 돌아보셔서 딱 걸리는 바람에 잠시 중단 상태지만, '시아버지의 작은 고통은 곧 우리의 행복!' 캠페인은 오늘도 중단 없는 전진을 계속하고 있다.

　그러던 어느 점심식사 시간. 뉴스를 제대로 알아듣지 못하신 어머니 질문에 성질 급하신 시아버지가 음식을 다 삼키지도 않고 서둘러 말씀하시다 사레가 걸려서 한참 동안 기침을 하셨다. 사레가 걸리면 꼭 재채기를 동반하시는 터라 바로 앞

에 앉아 있던 나는 각종 세균감염으로부터 음식을 지켜내느라 정신이 없었다.

  점심은 그렇게 넘어가고, 저녁식사 시간이 되었다. 이 얘기 저 얘기 끝에 프랑스 교육제도에 대해 어머니께 질문을 드렸는데, '잡종 프랑스인' 시아버지가 '순종 프랑스인' 시어머니의 발언권을 뺏어 흥분하시다 또 사레에 걸리신 것이다. 기침과 재채기를 연거푸 하시더니, "이 집 여자들 때문에 도무지 조용히 밥을 먹을 수가 없다!"고 소리 치시며 목욕탕으로 나가시는 거였다.

  우리 두 여인은 처음엔 소리 죽여 웃기 시작했지만, 승리의 브이 사인을 동시에 펼친 게 재밌어서 등 뒤에 시아버지가 와 계신 것도 모르고 박장대소를 했다.

  눈이 벌게져 돌아온 시아버지가 "넌 시애비 사레 걸리게 해놓고 뭐가 그리 재밌어서 웃냐!" 하며 자리에 앉으시더니, 나와 눈이 마주치자 당신도 어이가 없으셨는지 웃음을 터뜨리셨다.

  웃는 얼굴에 침 뱉을 수 있남? 못 허지, 시애비가 아니라 시할애비라도 그건 못 허지!

전자레인지 사신 날

요 며칠, '전자레인지에서 나오는 광선이 몸에 해롭다'고 사지 못하게 하시는 시어머니 때문에 살림재미가 없다고 부쩍 투덜대시던 시아버지, 양파 사러 가신다더니 양파 대신 커다란 전자레인지 박스를 들고 오셨다.

첫째 날, 팔십 평생 처음으로 전자레인지를 사서 극도로 흥분하신 시아버지, 내게 또 슬슬 시비를 거신다.

"너, 전자레인지 써봤냐?"

"20년 전부터 쓰기 시작했는데요."

"너, 이거 알고 보면 되게 편리하다!"

"20년 전부터 쓰기 시작했다니까요!"

토스터 달린 전자레인지까지 만드는 'LG의 나라, 한국'에서 온 내게, 타이머와 온도계밖에 없는 5만 원짜리 중국제 전자레인지를 들이대시며 무슨 최신기술로 만든 에어컨 겸용 전자레인지라도 되는 양 제품설명을 시작하신다.

"그릇 사용에 조심해야 돼요. 특히 쿠킹호일 같은 것 집어넣으면 불나요, 불! 또 전력이 세니까 토스터나 오븐이랑 같이 사용하면 절대 안 되고, 에 또……."

어차피 당신 혼자 사용하실 거면서 웬 사용법 설명이람!

둘째 날, 커피를 전자레인지에 데워주고 나서도 "뭐 데울 거 없냐?"고 하도

성화를 하셔서, 할 수 없이 데운 우유에 씨리얼 말아 먹었다. 점심 때는 전자레인지 앞에 의자 놓고 앉아서 음식 다 데워질 때까지 지켜보시고, 뚜껑이 들썩거리면 즉시 중단시키고 중간점검하시고…….

'도대체 내가 아프리카 오지로 시집을 온 거야, 선진국 캐나다로 시집을 온 거야…….'

셋째 날, 결국 일이 터지고 말았다!

더 많은 레몬즙을 내신다며 레몬을 전자레인지에 넣으셨는데, '푸샥!' 하는 소리와 함께 레몬이 일부 폭발한 것이다. "중국제는 요리 빼곤 뭐든 후지다!"고 전자레인지 탓을 하시며 '지뢰 제거반'처럼 레몬 폭탄을 제거하시는 모습에 우리 식구 모두 숨이 넘어갔지만, 누구 하나 소리 내서 웃지 못했다. 그리고 우리의 예상대로 3일 후부터는 사용 횟수를 줄이시더니 지금은 거의 사용을 안 하신다.

지난번에도 마요네즈 만든다며 사오신 작은 거품기로 한 3일간 '모든 액체 거품화시키기'에 몰두하시다 사장시키셨고, 김장할 때 쓰는 일제 채칼을 사오셨을 때는 며칠간 다양한 모양으로 채쳐서 만든 야채 요리만 먹어야 했다.

우리가 무슨 '731부대 마루타'도 아니고, 이젠 물건 새로 사실 때마다 겁부터 난다!

그놈의 드럼 세탁기

부엌 중앙에 늘씬하게 자리잡은 유럽식 드럼 세탁기가 한국에서는 폼나 보이더니만, 지난 5년간 나를 두 번씩이나 골탕 먹이는 통에 정나미가 뚝 떨어져버렸다.

첫 번째 사건은 영국에서 어학연수할 때 집주인 할아버지로 인해 생긴 일로, 그때 이미 '파란 눈 노인네'와의 충돌은 거역할 수 없는 운명으로 예정돼 있지 않았나 싶다.

첫 세탁을 마치고 성질 급한 내가 '세탁 후 안전장치 작동으로 문이 열리지 않는 3분'을 못 참고 문을 열기 위해 용을 쓰는 걸 지켜보시던 할아버지. 처음엔 돕겠다고 애쓰시더니만 아무 소용이 없자 대뜸 '재난 구조 신고 911'로 전화하라고 호통을 치시는 게 아닌가? 미친 짓인 줄은 알았지만 세탁기 주인을 무시했다간 쫓겨날 것 같아서 시키는 대로 했다가, 예상대로 "장난 전화 걸면 벌금 문다!"는 경고만 먹었다.

4년 후, 19년 된 일제 세탁기가 내뿜는 굉음을 견디다 못한 시아버지의 명령으로, 20년을 못 채우고 버리는 게 못내 아쉬워 코드를 못 뽑는 시어머니를 재촉해 새 세탁기를 사러 갔다.

드럼식을 찾는 어머니가 내심 못마땅했지만 내 돈 쓰는 일이 아니니 입을 봉했는데, '품질에 비해 가격이 저렴해서 요즘 최고 인기'라고 '한국산 세탁기'를 권

우리 것을 끝까지 지켜보려 했건만…

하는 판매원을 바라보는 내 맘이, 뿌듯하기는커녕 까닭 모를 불길한 예감이 스쳤다. 국산품을 못 믿어서가 아니라 워낙 별일 아닌 일도 큰 난리로 부풀려지는 시댁의 가풍이 못 미더워서였는데, "한국 며느리를 봐서라도 이걸로 하시라."는 입방정에 두 분은 별수 없이 한국제를 사기로 결정하셨다.

드디어 첫 세탁. 시아버지께서 조용해서 좋다며 만족스런 미소로 낮잠을 청하신 지 얼마 후, 천지개벽하는 소리에 달려와 보니 탈수를 시작한 세탁기가 온몸을 격렬하게 흔들어대고 있었다. 같은 한국산 며느리 땜에 욕도 못 하시고, 붉으락푸르락해진 얼굴로 수평계를 가져와 다리 조절을 하는 씨름 끝에 다시 작동시키는 과정을, 그 좁은 목욕탕에 바짝 들러붙어 마른 입술에 침을 발라가며 지켜봐야만 했다.

10분 후. '들들들' 하며 세탁기가 이전보다 더 강력한 트위스트를 추기 시작하자 "붙들어!" 하는 시아버지의 구령이 들려왔다. 구령이 떨어지기가 무섭게 온몸을 내던져 세탁기를 껴안은 우리 고부는, '순간 멈춤' 버튼을 누르고 '순간 멈추게' 될 때까지 몇 분간 세탁기와 함께 덜덜 떨어야만 했다.

이 과정을 세 번이나 반복하고 나니 끝난 후에도 몸이 사시나무 떨듯 떨리는 후유증에 시달려야 했는데, 온몸을 불사른 보람도 없이 한국산이 미제 봉세탁기에 밀려나는 가슴 미어지는 현장을 이를 갈며 지켜봐야만 했다.

괜히 가만히 있는 날 물귀신처럼 엮어 넣은 세탁기 판매원과, 911로 전화 걸어 망신당하게 만든 집주인 할아버지. 난 이 두 남자와 드럼 세탁기를 절대로 용서할 수가 없다!

막상막하

몬트리올에 사는 한국 교포들에 관한 다큐멘터리를 온 가족이 함께 보면서, 짓궂은 시아버지가 또 무슨 시비를 걸어오지 않을까 싶어 마음의 준비를 단단히 하고 있었다. 아니나 다를까, 고단한 이민살이 끝에 자영업자로 자리잡은 한 가정을 찾아 인터뷰를 하는 장면이 있었는데, 안주인이 커피믹스로 커피를 타는 모습이 시아버지 안테나에 잡히고 말았다. 기다란 비닐봉투에 담긴 가루가 누런 커피가 돼서 나오는 모습을 유심히 보시더니만, '아메리카 상것들이 만든 가짜 커피'를 따라 먹는다고 놀려대시는 것이었다.

사실, 서양 어느 나라에서도 본 적이 없는 커피믹스는 일본이나 한국의 발명품인 듯싶은데, 당신 커피가 세계 최고라고 우기는 시아버지와 말다툼을 피하기 위해 그냥 조용히 넘어갔다.

연이어 2회전. 그 집 아저씨 얼굴이 '꽃미남'은 아니었지만 내가 보기엔 그저 평범한 한국형이었는데, 계속 '못생겼다'고 중얼대는 시아버지에게 점점 짜증이 나기 시작했다. '자기는 뭐 미남인가……' 고국을 떠나면 다 애국자가 된다더니 특히 시아버지랑 살기 시작하면서 한국과 관련된 건 무조건 좋다고 우겨대는 '핏줄 땡김 증후군'이 생긴 나였다.

다큐멘터리 시청을 큰 사고(?) 없이 무사히 마치고 드디어 운명의 3회전. 어

떤 가수가 우리 나라에도 잘 알려진 'Ne me qitte pas'라는 샹송을 부르고 있었다. 내가 좋아하는 노래라 곡조는 알고 있었지만 그 가수가 '자크 브렐'이라는 벨기에 사람이란 사실은 몰랐는데, 시아버지가 전 세계적으로 유명한 이 사람을 모른다고 나를 무식한 사람 취급하며 슬슬 약을 올리기 시작하면서 내 인내심은 한계를 드러냈다.

"아다모나 에디트 피아프를 아는 것만도 장하지, 남의 나라 10대 가수를 왜 모두 외우고 있어야 하느냐."고 씩씩거리고도 분이 안 풀려, '신카나리아'나 '패티 김' 같이 빠다냄새 나는 한국 원로가수 이름을 대며 아시냐고 따져 물었다.

병쩌하시는 시아버지를 뒤로하고 "당신도 패티 김 안다고 했지?" 하며 구원을 청하는 내 사인을 제대로 읽은 남편의 너스레 덕에, 패티 김은 유럽에도 잘 알려진 세계적인 대형가수가 되고 말았다. 결국 부부가 쌍수를 들고 맞서는 데는 별 도리가 없으셨는지, 피곤하다며 일찌감치 침실로 사라지셨다. '야호!'

시아버지께 거짓말을 한 게 좀 찜찜하긴 했지만, 시아버지의 '백인 우월주의'가 내 '노란 자존심'을 건드릴 때마다 날카롭게 반응하는 나를 어쩔 수가 없다.

그나저나 프랑스로 미국으로 전화해서 "패티 김 아냐?"고 수소문이나 하시지 말아야 할 텐데…….

파리지엔느 시어머니

　　프랑스 중부 프와티에서 부유한 집안의 외딸로 태어나, 피부관리사 공부를 마치고 방송국에서 메이크업 아티스트로 일했던 시어머니는, 그 당시 주목받는 신인 여배우였던 카트린느 드뇌브를 화장해준 경력을 가장 자랑스럽게 내세운다. 그러나 연예인들과 어울려 밤늦게까지 싸돌아다니는 걸 못마땅해한 고지식한 아버지 때문에 방송국 비서로 전직을 하면서 시아버지와 운명적인 만남을 갖게 된다.
　　전엔 눈인사만 나누고 지나쳤던 시아버지가, 바캉스를 마치고 검게 그을려서 돌아온 어머니를 엘리베이터 안에서 만나 끈적끈적한 눈길로 바라보며, 내게도 써먹었던 '세상에서 제일 맛있는 커피 운운' 하는 그 닳아빠진 대사로 꼬드기는 데 성공! 결국 결혼을 허락하고 만다. 그러나 부모님 가슴에 멍을 내며 감행한 결혼의 결과는 참담했으니, 60년대 초반 전 유럽에서 가장 컸다는 프랑스 국영 방송국에서 일하며 샹젤리제 거리를 누볐던 파리지엔느가, 황무지 같은 퀘벡으로 이민을 와 일주일을 울고불고하는 대가를 치러야만 했다.
　　예순넷의 나이지만 이십 대의 피부와 몸매를 지닌 몸짱 할머니인 그녀는 한 달에 두 번 화장품 아줌마의 방문을 받는데, 매번 올 때마다 주문한 화장품이 한 보따리는 된다. 값비싼 노화방지 크림은 물론 온몸 전체를 탱탱하게 유지시킨다는 '슬리밍 폼' 을 뱃살에 척척 바를 정도로 몸매 관리에 철저하신 분이다.

속옷은 깜박해도 화사한 립스틱과 귀걸이, 코털을 간질이는 향수는 잊지 않는다는 전형적인 파리지엔느 시어머니를 보고 있노라면, 집에선 아무렇게나 하고 있다가 외출할 때만 변신하는 내게 투덜대던 남편을 이해할 수밖에 없다.

열세 살이나 어린 아내를 둔 탓에 '경미한' 의처증이 있는 시아버지의 감시로 외출이 부자유스런 시어머니가 성장을 하는 시간은 하루에 두 번 있는 '산책 시간'. 색깔별로 구비해둔 장갑과 모자, 스카프를 날씨에 맞춰 완벽하게 코디하시기 때문에, 상대적으로 후줄근해 보이는 나는 전신을 다 가린 채 눈만 내놓고 뒤를 따른다.

게다가 하루 두 번의 산책으로도 부족하신지 미용 체조와 실내 자전거 타기로 건강 관리에 하도 열심을 내셔서, '시아버지 돌아가시자마자 고무신 거꾸로 신을 준비를 하시는 게 아닌가.' 하는 의혹을 감출 수가 없는데, 시아버지도 같은 생각이신지 당신과 달리 나날이 성성해지는 시어머니를 바라보는 눈길이 애처롭기 짝이 없다. 그러게, 젊고 기력 있을 때 마누라한테 잘해야 노후가 편한 법인데, 가여운 양반…….

인생은 아름다워

시어머니의 '매일 2회 산책권'은 독불장군 시아버지도 지난 30년간 감히 건드리지 못한 성역으로, 외로운 이민생활과 날로 괴팍해지는 남편에게서 받는 스트레스를 해소하는 유일한 돌파구 역할을 하기 때문이다.

부모님이 반대하는 결혼으로 모든 걸 잃고, 화려한 도시 파리에서 불모지 같은 땅 캐나다로 옮겨 와, 사회로부터 버림받고 점점 폐쇄적으로 변해가는 남편과 이민사회에 잘 적응하지 못하는 두 자녀를 바라보며 어머니가 뿌렸을 눈물과 한숨을 생각하면 내 마음도 미어지곤 한다.

이토록 마음이 미어지기까진 언어장벽 때문에 시간이 좀 걸렸는데, 처음엔 알아듣지도 못하는 내게 '송송송' 쏟아 붓는 어머니의 불어 수다에 짜증이 났지만, 회화 테이프라 생각하고 열심히 들어놨더니 몇 개월 후엔 정말로 귀가 열리고 말문이 트이게 되었다.

폐쇄적인 남편 때문에 변변한 친구 하나 없어 산책길에 만난 이웃과 수다떠는 게 유일한 낙인 어머니는, 병든 개를 잃은 날 우연히 마주친 동네 사람에게 '개죽음'을 전하며 하염없이 눈물을 찍어냈는데, 알고 보니 그 이웃은 같은 날 아버지를 사고로 잃은 터라 뒷수습에 진땀을 흘렸던 민망스런 일도 있었다.

친정 식구에게 축복받지 못한 결혼을 하고 낯선 타국에서 새 삶을 꾸려간다

는 공통점은 우리를 고부간이라기보다는 같은 아픔을 지닌 동지로 묶어줘서, 우리의 산책길은 집에선 나누지 못했던 얘기 보따리를 푸는 '우리만의 야자타임'이 되었다. 한·프 양국의 문화 차이에서 시작해 이불 속 은밀한 얘기까지 나누지만, 뭐니뭐니 해도 서슬 퍼런 시아버지 앞에서는 이실직고하지 못했던 전날 먹은 요리에 대한 진솔한 평가와 시아버지 갈구기가 최고 즐거움이라 할 수 있다.

한·프 양국의 먹거리 자랑을 한참 하다 보면 시아버지에게 부엌을 뺏기고 먹고 싶은 것도 마음껏 해먹지 못하는 팔자 타령으로 이어져 한숨을 내쉬지만, "시아버지가 전 세계 요리를 당신처럼 해내라며 주리를 틀었으면 어쩔 뻔했느냐? 그래도 먹여가면서 괴롭히니 다행이다."라는 한결같은 결론을 내리고 하산을 하곤 한다.

처음 캐나다에 왔을 땐 우리 부부도 여러 가지 일로 싸움이 잦아서 어머니께 하소연하며 함께 껴안고 울기도 했는데, 그때마다 어머니는 내 귓가에 이렇게 속삭이곤 하셨다.

"우리가 비록 지금은 울고 있지만, 그래도 잊어선 안 돼. 'La vie est belle!' (인생은 아름다워!)"

우리는 오누이?

'매일 저녁이 안 되면 일주일에 한 번이라도 요리할 기회를 달라'고 시아버지께 건의해보자는 내 요구를 묵살하는 남편과 말다툼을 벌이다 '시아버지를 닮았다'는 최악의 욕설을 또다시 듣고야 말았다.

시아버지를 만나기 전부터 남편은 나와 다툴 때마다 '시아버지를 닮았다'고 했고, 나는 "닮아도 우리 아버질 닮지 왜 당신 아버질 닮냐?"고 바락바락 따져 들곤 했었다. 그런데…… 남편에게 말은 안 했지만, 시간이 흐를수록 '우리가 닮은 꼴' 임을 부인할 수가 없다. 우선, 둘 다 단일민족 아브라함과 단군의 자손에, 많은 형제의 막내로 자라 고집이 세고, 다혈질에 성질 급하고, 특이한 방면으로 잔머리 잘 굴리고, 무엇보다 '먹는 거에 목숨 거는 게' 완전 판박이 닮은꼴이다.

나날이 드세져만 가는 '시아버지 먹거리 독점 공급 정책'에 넌덜머리가 나서 인정 많고 먹을 거 풍부한 내 나라, 내 땅을 찾아 떠난 적이 있다고 이미 밝힌 바 있다. 예상 밖으로 길어지는 이민수속과 먹거리 주도권을 빼앗긴 데서 오는 울분을 삭이지 못해 단행한 가출이었는데 뜻밖의 사실을 발견하게 되었다.

배추김치 물김치 총각김치 등 각종 김치로 영양보충을 하며 심기일전하던 중 '우리가 닮은 꼴'이라는 심증을 뒷받침해주는 완벽한 물증을 찾아내고야 말았으니, 어느 목사님이 쓰신 『하나님이 선택한 또 하나의 백성, 한 민족』이란 책이었

우리는 남매??

다혈질 고집불통에 잔머리 캡숑…
참으로 특이한 방면으로 너무나 많이 닮아 있는 우리.
오빠라고 불러도 될까요?
오빠~ 오빠~ 오 오빠야~~

다. 이스라엘 민족과 한민족의 공통점, 노아의 홍수 이후 우리가 한반도에 정착하기까지의 과정, 우리 민족에게 엄청난 기독교 부흥이 일어난 이유 등이 주요 내용이었는데 온몸에 전율을 느끼며 단숨에 읽어 내려갔다.

결론은, 노아의 세 아들 중 맏이인 셈의 4대손 에벨과 욕단이 이스라엘과 한민족의 조상으로, 정착하는 과정에서 의견이 달라 헤어졌지만 알타이 산맥을 넘어 시베리아와 만주에 정착한 욕단이 바로 우리의 시조 단군이라는 주장이었다.

마지막 장을 덮고 나니 숨이 턱 막혀왔다. '그랬구나, 우리가 원래는 남매였구나! 오누이였구나!'

그 책 때문인지, 불평으로 가득해 떠났던 시댁으로 다시 돌아왔을 때는 매사가 다르게만 보였다. 시아버지가 심술을 부려도 '오빠가 화났네?' 하며 바라보니 귀엽게만 보였고, 뽀뽀할 때 느껴지던 들쩍지근함도 사라지게 되었다.

시아버지께 말씀드려봤자 날 '여동생' 취급하며 놀려대실 게 뻔해서 남편에게만 이 비사를 털어놨는데, '김치를 너무 많이 먹어서 살짝 맛이 갔다'며 배를 잡고 웃어대는 것이 아닌가. 씨~ 당신 아버지랑 당신 마누라랑 남매인 게, 싫어?

며느리 사랑은 시아버지

'오징어 튀김 사건'이 발발한 지 며칠 후, 그날 시아버지 앞에서 부린 '난동'을 곰곰이 되돌아보니 시댁 식구들한테 너무 막가는 게 아닌가 하는 자책감이 들었다. 한국에서 며느리가 시아버지한테 악을 쓰며 앞치마를 벗어제끼고, 음식을 쓰레기통에 버렸다면, 남편과 난투극이 벌어졌거나 시어머니에게 머리카락을 쥐어뜯겼거나, '자식 교육 어쩌구' 하며 두 집안싸움으로 번졌기가 십중팔구이기 때문이다.

이러다 오갈 데 없는 이 땅에서 쫓겨나는 게 아닌가 싶어 남편에게 걱정을 털어놓았는데, 절대 아니라고 정색을 하며 얼마 전 있었던 시아버지와 미국에 사시는 누님과의 전화통화 내용을 들려주었다.

"응, 아주 재밌어. 책에서 읽은 아시아 여자하고는 완전히 다르다니까. 뭐든지가 제일 잘 안다고 우기는 게 피곤하긴 하지만, 걔 때문에 웃을 일이 많아."

그동안 한국 음식 때문에 치른 소동을 '뭐든 지가 제일 잘 안다고 우긴' 것으로 표현한 부분이 탐탁지 않긴 했지만, 적어도 금방 쫓아낼 것 같지는 않아서 일단 안심했다.

사실, 나에 대한 시아버지의 사랑은 식량배급 때 잘 드러나는데, 요리를 하면 제일 먼저 내게 맛을 보이고, 고기에서 가장 맛있는 부위도 내 차지일 뿐 아니라,

내가 좋아하는 과일과 야채는 항상 내 앞으로 밀어놓는 등 유난을 떠서서 가끔은 어머니 눈치를 볼 때가 있다. 얼마 전 남편 친구네로 떠나는 날 아침엔 작은 병에 이금기 칠리소스를 담아 가방에 넣어주셔서 콧날을 시큰거리게 했고, 20년 만에 처음으로 고장난 텔레비전 리모컨을 40불 주고 고쳐오신 후, 모든 가족에게 사용 금지령을 내리시고는 내 손에만 살짝 쥐어주신 감동적인 일도 있었다.

　그런데 이런 자잘한 일화보다 더 '확실한 증거'가 하나 있으니, 캐나다에 온 지 얼마 안 돼서 생긴 일이다.

　시아버지가 그날따라 콩 수프에 콩 샐러드 등 콩으로만 한상 가득 차리셔서 뱃속의 심상치 않은 반란을 느끼며 겨우 식사를 마쳤는데, 시아버지의 등 뒤에서 설거지를 준비하며 잠깐 방심하는 사이, 미처 손써볼 겨를도 없이 그만 실례를 하고 만 것이다.

　낯짝 두껍기로 유명한 나지만 얼렁뚱땅 미소로 때우기엔 아직 서먹한 때인지라 실추된 이미지에 난감해하고 있었는데, 이때 나타난 백마 탄 기사가 있었으니 바로 시아버지였다! 평소에도 방귀를 잘 뀌어서 자주 눈총을 받아온 개를 향해 "꼬꼬, 너 또 뭘 그렇게 많이 훔쳐 먹었냐?" 하시며 사건무마에 적극 협력하시는 게 아닌가?

이는 '남의 고통은 곧 나의 기쁨'으로 여기는 평소 모습과는 아주 대조되는, 실로 눈물겨운 정경이었으니, 나에 대한 그분의 사랑을 만천하에 공개한 대표적인 사건으로 자리매김하게 되었다.
　물론, 우리 네 식구는 모두 알고 있다. '꼬꼬는 소리가 나지 않는다'는 걸. 용각산처럼.

쟈넷 잭슨 노출 소동

우리의 아침식사는 대개, 전날 이스라엘에서 발생한 테러로 생긴 사상자 수나 이라크전의 속보를 중계하는 시아버지와 함께 열띤 토론을 벌이는 디너쇼 형식으로 진행된다. 따라서, 잠이 덜 깨 '언어변환장치'가 작동 전인 데다, 아침부터 피터지는 얘기를 나누기가 싫어 멀뚱멀뚱 별 말이 없는 나를 두고 "조용한 아침의 나라에서 온 애는 역시 다르다."며 시아버지가 놀려대곤 하신다.

그런데 한번은 시아버지가 색다른 뉴스를 중계하며 극도로 흥분한 모습을 보이셨으니, 미국 슈퍼볼 개막전에서 저스틴과 노래를 부르던 중 방패가 달린 이상한 가슴을 전 세계에 노출시켜 화제를 모았던 쟈넷 잭슨이 그 주인공이었다. 그 날의 추행에 대한 벌로 그래미상 시상식 출연금지 처분을 받은 걸 놓고, '얼마 전 마이클 잭슨을 구속시킨 데 이어 여동생까지 이런 스캔들에 연루된 것은 잭슨 패밀리를 파멸시키려는 인종차별적인 가혹한 처사'라고 언성을 높이신 것이다.

아프리카에서 태어난 백인인 시아버지는 '흑인은 아프리카에서 살아야 보기 좋다'라고 주장하는 인종분리주의자로, 그 문제로 나와 크게 언쟁을 벌인 적도 있기 때문에 흑인인 쟈넷 잭슨을 옹호하는 발언은 꽤나 의외의 태도였다.

처음엔 어머니와 한 팀을 이뤄 시아버지와 치열한 공방전을 벌이다가, 그 노출 소동으로 정신적인 충격을 받았다며 미국인 두 명이 쟈넷을 고소한 사건에 대

해 '가슴 작은 여자 둘이 쟈넷의 큰 가슴에 충격을 받고 질투해서 저지른 일'이라고 논평하신 것에 박장대소하는 걸로 입씨름은 끝이 났다.

아침 밥상머리에서 며느리와 시아버지가 '젖가슴'을 화제 삼아 이야기하는 것은 한국에선 상상도 할 수 없는 '상스런 일'이지만, 우리의 식탁에 금기사항이란 없다. 나도 처음엔 시아버지와 텔레비전을 보다가 야한 장면이 나오면 슬그머니 자리를 피하곤 했는데, 이를 눈치채신 시아버지께서 "어딜 가냐? 이게 뭐 어때서 그래. 한국 사람은 애 안 낳고 산대냐?" 하며 선수 치시는 바람에 눌러앉아 같이 보기 시작한 지 1년째. 지금은 전혀 아무렇지도 않다. 알고 보면 별것도 아닌 걸 괜히 쉬쉬해서 호기심만 키워놓는 게 바로 그 부분이 아니던가?

고국에 계신 동포 여러분! 자녀들과의 솔직한 대화로 건전한 성문화 이룩합시다!

시집살이

"왝, 이거 뭔데 냄새가 이렇게 지독해요?"

"누옥 맘이라고 베트남제 생선소슨데, 밥에 뿌려봐라, 훨씬 맛있다."

눈살을 찌푸리며 밥에 몇 방울 떨어뜨렸더니 고약한 지린내가 진동을 한다. 어릴 때부터 입이 짧아서 음식 때문에 엄마와 자주 실랑이를 벌이곤 했는데, 그럴 때마다 듣던 '시집가서 된통 고생을 해봐야 정신을 차릴 거'라는 악담이 그대로 맞아떨어지고 있는 셈이다.

외국 남자랑 결혼하면 우아하게 썅칼질만 할 줄 알았더니만 남편은 신김치나 젓갈류같이 찝찔한 음식을 줘야만 "한국 음식 최고!"라고 법석을 떨고, 시아버지는 한술 더 떠 전 세계에서 가장 냄새 구린 음식은 다 모아놓고 "김치도 먹으면서 왜 이건 못 먹냐."고 매일 닦달이니, 내가 바로 '쓰레기차를 피하려다 똥차에 치이고 만' 사람이 아니겠는가!

한번은 시아버지가 청양고추보다 더 작고 맵게 생긴 태국산 고추를 사와 요리책에 나온 그대로 예쁘게 잘라주시며 먹어보라기에, "책에 나온 건 장식일 뿐 매운 고추는 양념재료로만 사용하지 직접 먹지는 않고, 고추장에 찍어먹는 풋고추는 따로 있다."라고 자세히 설명해드렸다. 그러나 "같이 하나씩 맛보자!"고 버티는 데는 당해낼 재간이 없어 결국 울며 고추 먹기를 하고 말았다.

이뿐이 아니다. 중국 가게에 같이 갔을 때, 옛날 우리 나라 사람들이 비 올 때 쓰던 '도롱이'랑 비슷하게 생긴 물건을 보고 용도를 물으시기에, 음식과 관련된 게 틀림없다고 짐작은 하면서도 효도하는 마음으로 '모자'라고 엉뚱하게 답해드렸다. 예상대로 만세삼창을 하시며 중국인 주인에게 "얘가 이걸 모자래요, 하하. 한국에서 왔다면서 이것도 모르고 모자래 글쎄……." 하며 놀려대시더니, 집에 가자마자 책을 펴놓고 안남미를 먹는 동남아시아 사람들이 쩍쩍 달라붙는 밥을 지을 때 사용하는 물건임을 알려주셨다. 그걸로도 모자라 잠자리에 들 때까지 눈만 마주쳤다 하면 "아이구 그래, 그걸 몰랐어?" 하며 득의양양해하시는데, 정말 시동생만 같았어도 한 대 쥐어박고 말았을 것이다.

또 한번은 우리 나라 황석어젓보다 더 곰삭은 썩은내가 나는 말레이시아산 오징어젓갈을 사오셔서는, 냄새 구리다고 당신은 안 드시면서 나한테만 자꾸 먹으라고 하시는 통에 대판 싸우고 쓰레기통에 버린 기막힌 일도 있었다.

이 요상한 시집살이를 그 누가 알아줄까? 이럴 줄 알았으면 엄마 말씀 잘 듣는 건데……. 아, 오늘따라 엄마가 더 보고 싶다. 엄마! 시집살이 서러워~~.

바느질 싸움

"그 색은 너무 진하다, 이 색을 끼워라."

"이건 너무 연해서 눈에 쉽게 띄어요, 이걸로 할래요."

남편 바짓단 줄인다고 당신이 쓰시던 재봉틀을 좀 빌렸더니, 그냥 혼자 하게 놔두시면 어디가 어때서 내 앞에 자리를 펴고 앉아 잔소리를 시작하신다.

"2번에 놔라, 그건 땀이 너무 크다."

"옷감이 두꺼워서 2번은 너무 촘촘해요. 3번이 나아요."

실 색깔 고르는 건 겨우 내 맘대로 했는데, 바늘땀 크기는 시아버지도 양보를 안 하셔서 다시 옥신각신 실랑이가 벌어졌고, 치사하지만 재봉틀 주인 말을 듣는 수밖에 없었다. 그러고 나서도 이어지는 시아버지의 '실 거는 법과 박는 법'에 관한 재봉틀 강의를 속으로 '남묘호랑개교……' 를 되뇌이며 묵묵히 들었다.

다 박고 보니 내 말대로 바짓단이 울퉁불퉁해서 쌤통이다 싶어 실을 뜯어내려는데, "캐나다 사람들은 다 그렇게 입고 다닌다!"고 시아버지가 우기시는 통에 또다시 말다툼이 시작되었다.

"아버지, 저도 한때 패션 디자이너 되려고 에스모드 서울에서 공부한 적 있어서 이런 것쯤은 할 줄 알아요!"

"뭐? 에스모드? 개나 소나 다 가는 데가 거기다!"

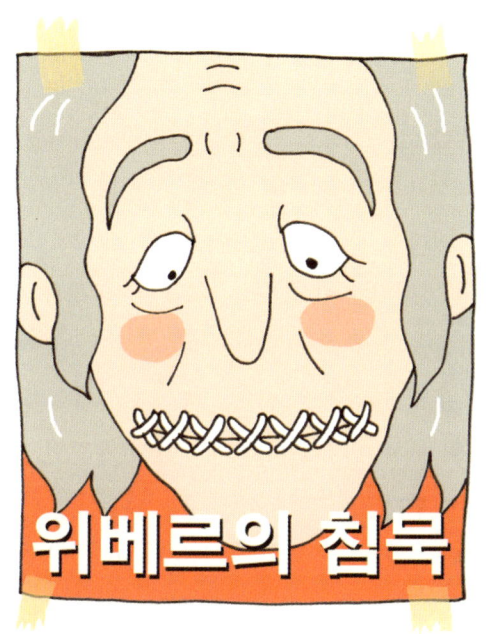

위베르의 침묵

난 가끔 이런 상상을 하곤 한다.

어렵게 입학했지만 실력이 딸려서 1학기만 마치고 자퇴한 아픈 기억이 있는 나의 환부에 초를 친 시아버지가 미워서, '북북' 실을 다 뜯어내고 '드르륵' 다시 내 맘대로 바짓단을 박았다.

세계적인 패션 디자이너 랑방의 수석 디자이너 밑에서 재단일을 배우시고 한때 맞춤복 디자이너셨던 시아버지에 비하면, 내 경력이 초라하기 그지없다는 걸 내가 왜 모르겠는가? 결국 요리, 패션, 사진, 그림, 가구, 철공예 등 온갖 예술종목을 섭렵하신 '인간 문화재'를 이겨보겠다고 덤비는 건 무모한 짓인지라, 분하지만 눈물을 머금고 후퇴해야 했다.

내 맘대로 다시 박고 재봉틀을 막 닫으려는데 다시 돌아오신 시아버지. 혹시 재봉틀에 흠집이라도 생겼나 꼼꼼히 살펴보시더니, 기름칠을 하고 바늘 밑에 헝겊을 대시며 마지막 비수를 내리꽂는다.

"그 에스모드는 재봉틀 돌보는 법도 안 가르쳤구먼……."

시어머니도 아닌 시아버지랑, 그것도 파란 눈의 시아버지랑 먹을 거나 바느질 거리로 쌈질하려고 독한 마음 품고 서울을 떠나온 게 아니건만……. 참! 인생, 맘대로 되는 거 아니라더니…….

그의 아들, 조시

몇 년 전 영국에 놀러온 열 살 먹은 조카가 남편 이름이 '조시'라는 말에 눈을 동그랗게 뜨며 "우리 반에도 조씨 있는데. 걔는 풍산 조씬데 이모부는 어디 조씨야?" 하고 따져 묻는 통에, 그때부터 남편의 본관은 '파리 조씨'가 되었다.

이혼 후 '내 인생에 다신 결혼 따위는 없다'는 걸 신과 담판짓고자 화려한 싱글로서의 첫 출발지로 이스라엘을 택했는데, 거기서 남편을 만나게 됐으니 여간 헷갈리는 게 아니다.

전 세계에서 모여든 젊은이들과 어울려 별탈 없이 키부츠 생활을 꾸려가고 있었는데, 우리 한국인 자원봉사자를 황당하게 만드는 게 딱 하나 있었다. 뭐고 하니, 우리와 잘 어울려 놀던 외국인 자원봉사자들이 김치 뚜껑만 열었다 하면 예루살렘에 자폭테러가 난 것보다 더 빨리 흩어져 방문을 걸어 잠그는 것이었다. 처음엔 어이도 없고 불쾌하기도 하고 무엇보다 미안한 마음이 들었지만, 한국인에게 김치는 워낙 민감한 사안이라 합의점을 찾는 데는 실패하고 말았다.

그러나, 끝까지 자리를 뜨지 않고 의연하게 버틴 늠름한 젊은이가 있었으니, 바로 내 남편 조시였다. 타향살이를 하며 김치는 아군과 적군을 판가름하는 완벽한 잣대가 되어주었는데, 시아버지 덕에 먹어본 김치 맛을 기억하며 김치찌개 국물까지 닥닥 긁어먹는 남편은 아군임에 틀림없었다. 더구나 '동양 여자들이 남편

밥상을 잘 차린다'는 이유 하나로 결혼을 채근하는 시아버지 덕에 결혼을 하고 보니, 정작 야물딱지고 반질반질하게 살림을 잘 해내는 건 남편 쪽이어서 '이번에야말로 임자 만났다'며 회심의 미소를 지었다.

글쓴다고 평생 여행만 하며 살아온 사람이라 돈벌이가 시원찮은 게 흠이지만, '돈이 대수가 아니다'는 사실을 이미 뼈저리게 경험한 뒤라 별 문제가 안 되었다.

결혼 3년째. '우리도 한번 잘 살아보자'며 싫다는 남편을 캐나다로 다시 끌고 온 후, 인터넷에 올린 글이 연달아 히트를 쳐 '당신보다 먼저 책 내겠다'고 큰소리친 게 현실로 이뤄졌을 때, 남편은 기쁨과 함께 경악을 금치 못했다. 작가가 되기로 결심한 이후로 20년간 책 한 권 내지 못한 'SF 소설가' 남편이 행여 우리 나라 출판계를 아무나 책 내주는 곳으로 막볼까봐 사건경위를 열심히 설명했지만, 한국인들이 왜 이토록 '지극히 평범한 부자'에게 열광하는지 여전히 이해가 안 되는 눈치다.

'대박 터지면 자비출판해 주겠다'고 그의 풀죽음을 위로하며 글쓰는 마누라가 기를 팍팍 넣어줬더니, 요즘은 진지하게 '할리우드 영화 개봉'을 목표로 시나리오 작업에 열심이다. 물론 그때가 언제가 될지는 아무도 모르지만, 그런 날이 안 오면 또 어떠랴. 돈벌이는 내가 하고 부엌살림은 남편한테 떠맡기면 되지! 건전한 가풍은 살려주는 게 미덕이 아니겠는가?

남편과 대판 싸운 날

"배고파서 화났다, 어쩔래? 딴 건 몰라도 밥값은 꼬박꼬박 내는데 왜 난 만날 배가 고파야 되냐?"

제일 작은 생선토막을 내 접시에 올려놓은 시아버지 땜에 식사시간 내내 뾰로통해 있던 내게, 남편은 밥을 다 먹자마자 이유를 대라고 채근을 했고 결국 싸움이 시작되고 말았다.

"뭐? 방금 밥 먹어놓고 왜 또 배가 고파?"

"너, 내 생선 봤어? 고양이도 그것보단 큰 거 먹더라. 치사하게 어제 말다툼 좀 했다고 먹을 거로 복수를 하냐? 니네 아버지 친아버지 맞어?"

"난 몰랐잖아. 그럼 내 거라도 덜어가지? 그리고 우리 아버지 이상한 게 어제오늘 일이야? 부모님의 따뜻한 정이 그립다고 여기 들어오자고 한 건 너잖아!"

"내가 '따뜻한 정'이 그립댔지, 언제 '짜디짠 정'이 그립댔냐? 이렇게 배고플 줄 알았으면 내가 미쳤다고 들어오재? '눈깔 퍼런 서양 놈'이랑 결혼하지 말라던 우리 아버지 말을 듣는 건데……."

왕짜증이 난 나머지 남편이 제일 듣기 싫어하는 말을 내뱉고야 말았다.

남편도 그 말에 욱했는지 "야, 너 혼자 고상한 척은 다 하더니만 생선 한 토막에 그렇게 무너지냐? 너도 우리 아버지랑 똑같아, 문제가 있다구!" 하고 시아버지

편을 드는데, 나는 또 그게 너무 서운해서 펄펄 날뛰다가 분에 못 이겨 결국 울음을 터뜨리고 말았다.

"그래도 우리 아버지가 유산 남겨주셨을 땐 남의 나라 가서 배곯지 말고 먹고 싶은 거 실컷 먹으라고 그런 건데, 이게 뭐야! 이 그지 같은 ×××야!"

"뭐? 너 지금 개××(남편이 아는 유일한 한국 욕)라고 했지?"

"아니, 새끼는 맞는데 그거보다 훨씬 순한 거야. 사실 이건 욕도 아니야."

"거짓말 마. 이 @#%$&야!"

평소처럼 우리의 부부싸움은 영어로 우아하게 시작해서 각자의 모국어로 천박하게 끝이 났다.

이어서 엎치락뒤치락 치열한 몸싸움이 시작됐고, 서로 씩씩대며 한참을 노려보다…… 끝내는 웃음을 터뜨리고 말았다.

"우리가 어쩌다 이렇게 처량한 신세가 됐냐? 너 그 아버지 밑에서 진짜 고생 많았겠다."

"말 마라. 넌 그래도 그 아버지 덕에 책이라도 내니까 나보단 낫다!"

결국, 둘이 사발면을 끓여 먹으며 서로의 불쌍한 처지를 위로하는 걸로 그날 싸움은 끝이 났다. 아, 배고픈 내 인생…….

그 아버지에 그 아들

"사오라는 초콜릿은 안 사오고 왜 또 그걸 사왔어?"

"마크가 그러는데 이게 지난번 것보다 잼도 더 많이 들어 있고 맛있대. 너 블루베리 좋아하잖아."

남편은 매주 목요일 밤마다 '장보는 감각을 잃지 않기 위해서'라며 친구 장보는 데 따라가곤 하는데, 반죽이 미리 돼 있어 오븐에 굽기만 하면 되는 케이크를 또 사온 것이다.

"부엌에 일하는 남자가 없어서 그래? 당신까지 왜 설치고 난리야. 지난번에 아버지랑 싸운 거 기억 안 나? 독립할 때까지 조금만 참으라니까!"

지난 주 남편이 처음으로 케이크를 구운 날, 맛있게 잘 드시고 난 시아버지가 우연히 빵 굽는 팬이 긁힌 걸 발견하시고는 남편에게 뒤집어씌워서 둘이 한참 실랑이를 벌였던 터였다. 그 후 '다시는 안 사온다'고 가슴에 열십자를 긋더니만 고새를 못 참고 또 케이크를 사들고 온 것이다.

시아버지를 닮아서 집안일에 관심이 많은 남편은, 둘이 살 때는 직접 반죽해서 피자도 만들고 빵이나 쿠키를 자주 구워내 내 입을 즐겁게 해주곤 했다. 하지만 캐나다로 온 후엔 시아버지 때문에 나처럼 모든 가사활동을 접고 잘 참아오더니만, 요즘 들어 슬금슬금 부엌을 넘보기 시작한 것이다.

그러고 보면, 이 집의 안주인인 시어머니를 빼고는 모두 호시탐탐 부엌 점령 기회만 노리고 있으니 참으로 기가 막힐 노릇이 아닐 수 없다.

다음 날, 남편이 티타임 때 먹겠다고 케이크를 구우러 간 지 채 10분도 되지 않아 시아버지와 부엌에서 다투는 소리가 들렸다. 또 일이 터졌구나 싶어 가슴을 졸이고 있는데 잠시 후 남편이 풀이 잔뜩 죽어 들어왔다. 남편의 설명에 따르면, 시아버지가 저녁 때 지을 쌀을 고양이 털 들어간다고 오븐 안에 넣어두셨는데, 그걸 모른 채 남편이 오븐을 작동시켰고, 이를 발견한 시아버지가 노발대발하시며 약간 뜨거워진 생쌀을 쓰레기통에 다 버리셨다는 것이다.

'익히고 나면 다 마찬가진데 고만한 일로 애를 잡나 그래……'

"당신이 이해해. 팔순이 다 돼가는 노인이 우릴 먹여 살리는 것만도 대단하시지 뭐……"

말은 그렇게 했지만 마음속 깊이 스멀스멀 피어나는 불안감은 떨쳐버릴 수 없었다.

'시아버지가 저렇게 되신 게 사십 대 후반부터랬지? 그래, 피는 못 속이는구나, 피는 못 속여…….'

냉전 /상/

'씨~ 언제는 서양 지지배들 열 명을 데려다놔도 나 하나만 못하다고 입에 침이 마르게 칭찬해놓고, 사람이 변해도 저렇게 변할 수가 있나…….'

우리의 냉전이 시작된 지 거의 한 달째, 사건은 점점 심각한 양상을 띠기 시작했다.

큰 고깃덩어리는 벌써 옛날 고리짝에 어머니 접시로 이전신고를 했고, 눈맞춤도 없이 형식적인 볼 비비기로 뽀뽀를 대신하고, 거의 하루도 빠짐없이 내 트집 잡는 소리가 들려온다. 트집의 종류도 다양해서 '문을 세게 닫아서 창문 떨어지겠다' 거나, 폭신한 빵과 낱개 포장된 다농 요구르트를 샀다고 '쟤는 비싼 거만 좋아하니 너 돈 많이 벌어야겠다' 는 식의 시시한 것들에서부터, '과일 샐러드를 혼자만 많이 덜었다' 는 식의 치사한 것들까지, 입에 담기도 좀스럽다.

그토록 죽이 잘 맞던 '오누이' 가 원수지간으로 변해가는 이유는 바로, 책 출판이라는 거부할 수 없는 시대의 부름 앞에 그간의 모든 연예활동을 접고 글쓰기에만 몰두하면서, '가문의 경사' 가 '가문의 악재' 가 돼가는 까닭이다.

사실 시아버지의 '충성스런 기쁨조' 였던 내가 갑자기 조기퇴직을 선언하고, 노벨문학상 수상자 같은 근엄한 얼굴로 글쓴다고 깐죽대며 밥 먹을 때만 얼굴을 내밀고 마니, 돈이나 유명세엔 관심 없고 오직 정에 굶주린 시아버지가 부아가 나

실 만도 했다.

따라서 약속된 원고를 마치고는 다시 새로운 '기쁨조'로 거듭나고자 맹세했건만, 비자 연장이 반년 치만 주어지는 통에 아파트를 얻어 독립하려던 계획에 차질이 생기면서 입이 댓발은 나와 잘 웃어지지도 않았다. 더구나 애가 서는 것도 아닌데 어찌나 김치에 밥 생각이 간절한지, 시아버지 입에서 나오는 음식 이름이 모두 한식으로 들리는 환청에 시달린 끝에, 밥 때문에 크게 다투기까지 한 판이었다.

이렇게 해결책은 보이지 않는 가운데 설상가상으로 부모님이 집만 비우시면 '뽑기 만든다고 소스 팬을 태우거나, 커피 주전자 손잡이를 부러뜨리는 등' 매를 벌어서, 충직한 해결사인 남편마저도 뒷감당을 못하겠다고 손을 털 지경이었다.

그렇게 막가던 어느 날 아침, 화장실 가다가 고양이가 토해놓은 걸 봤지만 내 고양이가 아니니 '프라이버시를 존중해야 한다'는 생각에 다시 이불 속으로 들어갔다. 잠시 후, 시아버지가 "걔는 뭐 공주래냐, 손가락도 까딱 안 하게? 지가 하는 일이 뭐 있다고 고양이 토한 것도 안 치우냐."며 남편을 닦달하는 소리가 들려왔다.

"내가 칠공주집 막내딸인 거 어떻게 아셨지? 로마에 왔으니 로마법을 따르라며 밥도 못 먹게 할 땐 언제고, 이젠 또 로마법 따른다고 잔소리시네?" 하며 계속 잠을 청했다. 그런데…….

냉전 /하

　　잠시 후, 자못 심각한 표정으로 날 깨운 남편에게 사정을 들으니, 남편과 어머니가 고양이 구토처리반임에도 불구하고 '첫 목격자인 내가 못 본 척 가버려서 허리 아프신 어머니가 치웠다' 고 시아버지가 평소처럼 날 걸고넘어진 거였다.

　　그동안 잘해오더니 왜 이러냐며 이러다 쫓겨나겠다고 걱정하는 남편에게, 이 참에 손해를 좀 보더라도 아파트를 구해 나가자고 우기다가 말다툼이 시작됐다. 자기가 애초에 경고한 대로 일이 흘러가는 책임을 내게 돌리는 남편에게 '무능하다' 고 맞붙어 상황은 점점 더 험악해졌는데, 지난번 남편 친구 부부 앞에서 불어 발음 문제로 다툰 일을 시아버지가 다시 끄집어내며 '오만불손하다고 욕했다' 는 대목에선 눈이 뒤집히고 말았다.

　　예지원 교육이수증까지 있을 만큼 나도 왕년엔 '한매너' 했지만, 시아버지에겐 '교육보다 원초적 본능' 이 더 잘 통할 때가 많아서 위층으로 당장 뛰어 올라가 면담을 요청했다.

　　올 것이 왔다는 표정의 시아버지께 "아버지, 절 친딸처럼 여기신다더니 다 거짓말이죠? 왜 아들에게 하시는 말씀을 딸인 제게는 직접 못 하시고 돌려서 듣게 하세요? 저희 둘이 싸우다 이혼이라도 하면 기쁘시겠어요?" 하며 눈에 쌍심지를 켰다.

'조금만 고까운 소릴 해도 삐쳐서 네 방으로 가버리는데 무슨 말을 하겠냐'는 시아버지께 정중히 사과를 드리면서도, 이는 버르장머리가 없어서가 아니라 미숙한 불어 실력으로 파생될 수 있는 사태악화를 미연에 방지하고자 취한 고육지책이었다고 핑계를 댔다. 덧붙여, 내가 '쉬크르' 발음을 잘 못한다고 남들 앞에서 웃음거리로 만드셨을 땐, 그런 일로 서러워 울 일 없는 한국으로 '토끼고 싶었다' 고 읍소하여 재발방지와 사과를 받아냈다.

마지막으로, 그동안 글쓴답시고 까불어댄 것에 용서를 빌며, 다시 현역에 복귀하여 '당과 위대한 시아버지 동지께 렬렬히 충성하는 기쁨조'로 거듭날 것을 약속드리고, 새로운 출발을 다짐하는 찐한 포옹과 함께 '정상 회담'을 해피엔딩했다.

또 큰일이 터질까 노심초사했던 남편도 두 사람의 세련된 대화법에 경의를 표하며 나와도 화해를 하는 '총화단결'된 모습을 보여주었는데, 며칠 후 이 모든 것이 천우신조였음이 드러났으니 책 '출간'만 기다리던 우리에게 책 '퇴짜'가 날아온 것이다. 옛말에 효자가 복 받는다고, 시아버지 덕에 굴러 들어온 복을 가로채어 안하무인으로 날뛰었더니만, 처음처럼 재밌지 않으니 다시 쓰라는 치욕적인 판결을 받은 것이다.

다행히도 시아버지와 화해를 한 후에 이 비보를 받아서 '내가 김치에 고양이를 넣고 담갔다고 쓰라'는 눈물겨운 위로와 함께 우리 관계를 이전보다 더 끈끈하게 다질 수 있었다. 그 후엔 꼬리를 착 내리고 본업인 기쁨조 활동에 충실하면서 남는 시간 틈틈이 글을 쓰고 있다.

아버지날

"낳으실 제 괴로움 다 잊으시고 (…중략…) 손발이 다 닳도록 고생하시네~ (여기까진 잘 나갔다!) 아~ 아~ 고마워라 스승의 사랑(어? 이게 아닌데? 에라 모르겠다, 그냥 부르자!) 아~ 아~ 보답하리 스승의 은혜."

오늘은 아버지날. 선물로 받으신 새 커피잔으로 커피를 드시며 기분이 '업!' 되신 시아버지와 한·프 양국의 어버이날을 비교분석하다 노래판이 벌어졌는데, 근 20년 만에 다시 부르다 보니 학창시절 장난치던 그대로 두 노래가 짬뽕이 되고 말았다. '어머니 마음'이 '스승의 은혜'로 빠지면서 처음부터 다시 시작할까도 했지만, 어차피 뭔 소린지 알지도 못하는 두 분 흥을 깨뜨릴 이유가 없고, 또 내게 인생의 참맛을 새롭게 깨우쳐주는 스승이시니 과히 틀린 곡도 아닌 듯해서 메들리로 엮어 끝까지 마쳤다.

그렁그렁해진 눈으로 열렬히 박수를 치시며 '노랫가락이 곱다'고 칭찬을 늘어놓으시는 두 분을 보니 시댁에 들어온 후 자꾸 사기만 치는 것 같아서 한쪽 구석이 좀 켕겼지만, 모로 가도 서울만 가면 되지 않은가?

지난 어머니날엔 이곳의 전통대로 붉은 장미로 장식한 아침상을 침대로 날라 어머니를 기쁘게 해드렸는데, 시아버지가 오랜 부엌살림 끝에 급기야는 정체성에 혼란이 오셨는지 당신을 아버지가 아닌 어머니로 착각하시게 된 듯한 이상증세

넌 감동이었어

아버님 생신선물
생선 가시 뽑는 족집게, 커피잔 세트···
손발이 다 닳도록 고생하시는 아버님~
사랑합니다···

를 보이시는 것이었다. 따라서 아버지날을 더 성대하게 치르는 길만이 질투가 일으킨 화병을 치유할 유일한 처방이라는 결론을 내리고 완벽한 준비에 착수했다.

먼저 어머니날보다 장미를 한 송이 더 사고, 백화점 3층 부엌용품 코너를 이 잡듯 뒤져서 며칠 전부터 노래를 부르시던 '생선 가시 뽑는 족집게'와 커피를 조금이라도 덜 담을 수 있도록 작은 커피잔 세트를 선물로 샀다. 보통의 아버지들에겐 혈압 올리고 혈당 높이기 딱 좋은 선물이지만, 그는 이미 평범하기를 거부한 '파란 눈의 시아버지'가 아니신가!

전날 밤에 낱개 포장해둔 커피잔과 족집게를 미리 파악해놓은 조리기구 속에 분산시켜 담고, '당신이 고함을 치셔도 저는 당신을 사랑합니다'라고 적은 카드를 꽃병 옆에 세워두었다. 평소처럼 새벽 일찍 일어나서 음식을 하려고 꺼내는 솥단지, 프라이팬마다 선물이 하나씩 튀어나오니, 그 기쁨과 재미가 어떠했을지는 말하면 입술만 부르튼다.

지난 어머니날에 부렸던 투기는 다 잊으신 채 복사꽃 같은 미소로 날 안으시며 진한 뽀뽀와 함께 감사를 표하는 시아버지를 보며, 이번 쇼도 성황리에 막을 내린 걸 알 수 있었다. 하는 짓마다 시부모님을 감동의 도가니탕으로 몰아넣는 내가, 이젠 아주 지겹다, 지겨워!

십계명

아버지가 이 모든 말씀으로 일러 가라사대…….
나는 너를 먹이는 시아버지로라.

제일은, 너는 내가 주는 음식 외에 다른 음식을 먹지 말라.

제이는, 너를 위하여 몰래 음식을 하지 말고, 다른 종류의 커피나, 녹차, 심지어 밥도 네 맘대로 짓지 말며, 컵라면조차도 방에서 끓여먹지 말라.

제삼은, 너는 너의 아버지, 밥 짓는 시아비의 이름을 망령되이 일컫지 말라.

나 아버지는 밥 짓는 시아비의 이름을 망령되이 일컫는 며느리를 죄 없다 하지 아니 하리라.

제사는, 식사시간을 기억하며 거룩히 지키라.

나머지 시간은 힘써 네 모든 일을 행할 것이나, 식사시간은 너희 아버지 밥 짓는 시아비의 독무대인즉, 너나, 네 남편이나, 네 시어미나, 네 친정식구나, 네 고양이나, 네 친구나, 네 방에 거하는 객 그 누구라도 아무것도 못하게 하라. 이는 새벽부터 두 시간 동안 나 아버지가 밥과 고기와 그 가운데 모든 양념을 하고, 식사시간에만 쉬었음이라. 그러므로 나 아버지가 식사시간을 맛있게 하여 그 시간을 거룩하게 하였느니라.

제오는, 내 요리를 공경하라. 그리하면 너의 아버지, 나 시아비가 네게 준 요리로 네 생명이 길리라.

제육은, 외식하지 말지니라.

제칠은, 과식하지 말지니라.

제팔은, 도적질하지 말지니라.

제구는, 내 음식에 대하여 거짓 증거하지 말지니라.

제십은, 네 이웃의 음식을 탐내지 말지니라. 네 이웃의 햄버거나, 코카콜라나, 핫도그나, 기타 인스턴트 식품이나, 무릇 캐나다인이 먹는 모든 음식을 탐내지 말지니라.

시아버지 가라사대, 네 마음을 다하고 목숨을 다하고 뜻을 다하여 밥 짓는 시아비를 사랑하라 하셨으니, 이것이 크고 첫째 되는 계명이요, 둘째도 그와 같으니, 내 요리를 네 요리와 같이 사랑하라 하셨으니, 이 두 계명이 온 가훈과 가풍과 법도니라.

시누이, 카티

마땅히 내 접시에 올라야 할 가장 큰 고깃덩이를 낚아채도 입도 뻥긋할 수 없는 난공불락의 상대가 있으니, 바로 시아버지의 외딸인 시누이 카티다.

7개월짜리 미숙아로 태어나 가망이 없다며 인큐베이터에 버려진 첫딸을, 의사를 권총으로 위협해 각서를 쓰고 빼돌려 밤잠을 설쳐가며 보살핀 끝에, 키 180센티미터에 캐나다를 사수하는 씩씩한 여군으로 키워냈으니 아무도 그 사랑에 토를 달 수 없다. 더구나 아주 특별한 경우를 빼고는 매일 안부전화를 드려, 강아지가 설사한 사건부터 저녁 반찬거리 상담까지 시시콜콜 보고를 하는 효녀이니 이쁨을 받는 것이 당연하지 않겠는가?

그러나 시누이와 올케는 숙명적으로 친구가 될 수 없는 사이인지, 온다는 연락만 받으면 신경이 곤두서면서 '아락실'을 찾아 헤매는 데는 별 도리가 없었다. 얼마 전에도 시누이와 시아버지가 뽀뽀하는 걸 유심히 보게 됐는데, 160센티미터도 안 되는 시아버지와 장대 같은 딸이 다정하게 양 볼과 코, 도합 세 번의 뽀뽀를 주고받는 게 아닌가! 순간 내게 하는 '두 번의 뽀뽀'는 형식적인 인사였음을 눈치채고, 뽀뽀를 피해보겠다고 갖은 수를 다 쓰던 과거는 몽땅 잊어버린 채 질투에 몸서리친 적도 있다.

'여기도 별수 없이 딸하고 며느리는 다르구나.' 하는 묘한 서운함으로 부녀

의 일거수일투족을 도끼눈을 뜨고 감시하느라 무척이나 피곤했던 3일간이었다.

그러나 이토록 눈에 넣어도 안 아픈 딸 시누이에게 밝히기도 민망한 몹쓸병이 있으니, 때와 장소를 가리지 않고 사정없이, 우렁차게 터져 나오는 방귀가 그것이다. 나도 심각한 피해자 중의 한 명으로, 몇 년 전 함께 몬트리올 영화제 구경을 갔다가 배우 유오성 씨를 발견하고 환호하는 내 뒤에서 '뿌~웅' 하고 한방 쏴놓고 남편과 함께 줄행랑을 쳐서, 코를 막고 둘러싼 성난 군중에게 돌팔매를 당할 뻔했기 때문이다.

심지어 박사학위를 받고 총장과 악수하는 약혼자 옆에서나 걸프전에 파견되는 군인들을 격려하는 장군 옆에서처럼 극도로 긴장된 장소일수록 조절이 불가능하다기에, 조심스럽게 '병원에 가봐야 되는 거 아니냐'고 걱정을 했다. 그러자 의외로 '이 재밌는 걸 왜 고치냐'면서, 사춘기 무렵 발병한 이 병에 대한 몰이해로 한방 쏠 때마다 밥상을 박차고 자리를 뜨는 시아버지 때문에 겪었던 심적고통을 털어놓기에, 충분히 공감하는 바가 있어 '마음껏 발산하라'고 등을 토닥거리며 물러섰다.

한글이 예쁘다며 배우려 들고, 무엇보다 김치를 좋아하는 '아군'이며, 지극히 개인적인 '군사 기밀'을 한국민에게 노출해도 되겠냐는 부탁에 '책만 잘 팔린다면 뭔들 못 쓰겠냐 며 흔쾌히 허락해준 화통한 시누이 카티를 '단지 그녀가 시누이라는 이유만으로' 미워할 수는 없을 것 같다.

트레봉!

작년에 한국에 갔다가 개그콘서트의 봉숭아 학당에서 주스를 마시는 옥떨메를 침을 삼키며 지켜보던 급우들이, 그의 "따봉!" 하는 소리에 환호하며 춤판을 벌이는 모습을 보면서 '우리 시댁에서 훔친 아이디어가 틀림없다' 며 배를 잡고 웃었던 기억이 있다.

잘 알다시피 시아버지의 요리는 천상천하 유아독존으로 그 어떤 비평도 용납되지 않는데, 새로운 요리라도 선보이시는 날엔 모두 숟가락을 들고 내 입만 바라보고 있다가, 내가 따봉이 아닌 "트레봉!" 을 외쳐야만 안심하고 먹기 시작한다.

이렇게 기계적으로 트레봉만 외치던 어느 날, 그날따라 뭔 일로 삐치신 시아버지 때문에 집안 공기가 질소보다 무거워서, 분위기를 띄우려고 우렁차게 외친 나의 선창에 모두들 평소처럼 '트레봉' 을 따라하며 식사를 시작했다.

이때, 쥐고 있던 냅킨을 내던진 시아버지가 "너희는 할 수 있는 말이 트레봉밖에 없냐? 내가 똥을 퍼다줘도 트레봉이라고 하겠지?" 하며 역정을 내시는 게 아닌가? 순간 분위기는 쥐죽은 듯 조용해졌는데, 이때 분연히 횃불을 치켜든 여전사가 있었으니, 한국의 잔다르크, 나 전희원 말고 또 누가 있어 이 악역을 감당하겠는가?

"아버지 무서워서 바른말을 감히 어떻게 해요? 지난번에 고기가 덜 익었다고 이실직고했더니 주걱 던지셨죠? 또 상추에 붙은 개미를 발견한 죄로 일주일간

샐러드는 구경도 못했잖아요!" 하고 웃으며 염장을 질러댔다.

식구들 모두 입술을 씰룩거리기 시작했고, 시아버지도 굳은 얼굴을 누그러뜨리며 '후환이 없을 거'란 약조와 함께 언로(言路)를 눈곱만큼 열어놓으셔서 드디어 맛의 진실을 털어놓을 수 있게 되었으니, 동토의 왕국 이 땅에도 민주화의 바람이 불기 시작한 것이다.

며칠 후, 입맛 떨어지는 이름의 '곰보'라는 야채 요리를 하시겠다고 전날부터 삐라를 뿌리셔서 기대가 컸는데, 막상 먹어보니 풀처럼 찍찍 늘어지는 게 여간 괴상망측한 게 아니었다. 시아버지 성의를 봐서 진실을 숨긴 채 또다시 '트레봉'을 외친 후 꾸역꾸역 입 속으로 밀어넣고 있는데, "내일은 곰보를 넣고 루이지애나식 수프를 끓여볼까?" 하는 말씀에 나도 모르게 "농!"을 외치고 말았다.

수위 조절에 실패한 강한부정에 충격을 받으신 시아버지가 "맛있대매?" 하시며 울상을 짓는데, 잠시 우물쭈물대다 '맛있긴 하지만 내일 또 먹을 정도로 맛있진 않다'고 대충 둘러댔다. 그러나 감을 잡으신 시아버지의 결단으로 곰보는 우리 식탁에서 영원히 추방당했고, '맛있냐?'는 질문은 '언제 또 먹고 싶냐?'로 바뀌게 되었다. 요렇게 조분조분 땅을 따먹는 동방의 여우를 서방의 시아버진들 당해낼 재간이 있겠는가?

오, 메르드!

발음상으로는 꽤나 로맨틱해 보이지만 메르드는 영어의 shit과 같은 뜻으로, 우리 시댁에선 뭔일이 제대로 안 돌아갈 때 시아버지가 어머니께 질러대는 고함으로 통한다.

시아버지 입에서 '메르드!' 가 나오는 경우는 일일이 나열하기도 남세스러울 만큼 보통 사람에겐 쪼잔한 일이지만 그분께는 9·11테러보다 더 끔찍한 일들로, 똥그랑땡이 똥그랗게 안 빚어질 때, 프랑스 옆에 꽂혀 있어야 할 요리책이 중국 옆에서 빼꼼이 고개를 내밀고 있을 때, 뜨거운 냄비를 식탁에 놓으려는 순간 냄비받침이 안 보여서 다시 돌아가야 할 때 등 셀 수 없이 많다.

그러나 원고를 쓰기 시작하면서 시아버지를 바라보는 내 눈길은 사랑스럽기만 하니, 그분이 "메르드!"를 외치실 때마다 내 귀에는 쩔렁쩔렁 돈 떨어지는 소리가 들려오기 때문이다. 따라서 얘깃거리가 떨어지면 일부러 시아버지 꽁무니를 졸졸 따라다니며 시비를 걸기도 하는데, 그때마다 매번 대어를 낚아내곤 한다.

오늘 점심 때만 해도 콧노래를 흥얼거리며 페이스를 잘 유지하시더니만, 타서 오그라들어 잘 안 끊어지는 계란프라이를 겨우 떼서 막 서빙을 하려는 순간, 악착같이 붙어 있던 마지막 한 오라기 땜에 계란 노른자가 터졌다고 영락없이 "오, 메르드!"를 외치셨다. 이를 지켜보던 어머니는 옥죄는 가슴을 쓸어 내리며 2차 심

장마비에 대비하시고 남편은 미간을 찌푸리는데, 나 혼자만 실실 비어져 나오는 웃음을 참지 못해 키들댔다. 계란이 지네끼리 사이가 좋아서 좀 붙은 걸 갖고 '콧노래'를 '똥노래'로 바꿔버리는 시아버지의 특이한 캐릭터가 독자들을 휘어잡을 것이 눈에 선하기 때문이다. 웃는 것도 이제는 요령이 생겨, 혼자 웃음보가 터지면 냅킨을 줍는 척하며 식탁 밑에 고개를 처박거나, 뭔가를 찾는 것처럼 냉장고 문을 열고 '냉소'를 쏟아내곤 한다.

처음엔 "메르드!" 소리만 들렸다 하면 부리나케 사건현장으로 달려가곤 했는데 시간이 갈수록 사건의 미미함에 점차 흥미를 잃어가던 어느 날, "오, 메르드, 메르드, 메르드!" 하는 비명이 터져 나왔다.

한 번도 아니고 세 번씩이나? '이번에는 뭔가 왕건이가 틀림없다'며 싫다는 남편을 부추겨 현장으로 출동해보니, 네 개가 남았어야 할 계란이 부화가 돼서 탈출이라도 했는지 세 개밖에 없다며 계란판을 부여잡고 어머니를 닦달하고 계셨다. 세상에, 바나나 개수 세고 계신 건 알고 있었지만 남의 알까지 꿰고 계실 줄이야!

며칠 전 이 얘길 쓸 거라고 말씀드렸더니 "살림하는 사람이 계란 수 세고 있는 게 뭐 대수라고 그런 걸 쓰냐."며 소재를 고르는 작가로서의 내 안목을 의심하는 눈치셨다. 그러나 내 백성 입맛은 내가 아는 법. 아버지, 두고 보시라구요!

취미활동

밥 짓는 시아버지는 용서할 수 있어도, 예쁜 그릇 사 모으는 시아버지는 용서할 수 없다!

지난번 서울에 갔을 때도, 남대문 혼수그릇 도매상가를 이 잡듯이 뒤져 '직사각형 회접시는 샀는데 정사각형 회접시를 못 산 게 평생의 한'이라는 시아버지의 한풀이를 해드려야만 했다. 그런데 막상 선물을 개봉하자, 당신 선물로 산 은수저 한 벌과 회접시는 옆으로 밀쳐둔 채 우리 부부용으로 산 목기주발과 수저세트를 조물딱대시며 군침을 흘리시는 게 아닌가?

시아버지가 눈독 들이는 물건을 안 주고 배겨낼 수 있는 며느리는 없을 터! 얄미운 시누이 같은 시아버지한테 눈물을 머금고 양보하고야 말았다.

정신수양과 극기훈련을 통해 칼과 프라이팬 사 모으는 것까진 겨우 봐줄 만한 경지에 이르렀는데, 예쁜 그릇 찜해놨다가 세일 첫날 시아버지랑 손잡고 상점 문 열리기만 기다리고 있을 땐, 친구들과 자주 했던 일을 태평양 건너 캐나다에서 시아버지와 다시 하고 있는 인생의 아이러니에 실소를 금할 수가 없다.

하지만 어쩌랴. 엔도르핀 분비를 촉진시켜 시아버지를 회춘시킬 수 있는 유일한 길이 '예쁜 그릇 사 모으기'인 것을. 게다가 예쁜 그릇을 손에 넣은 날이면 신접살림 장만한 새색시처럼 홍조 띤 얼굴로 하루 종일 콧노래가 떠나질 않고, 웬만

한 일이 아니면 "오, 메르드!"도 외치지 않으시니, 집안의 평화를 위해서라도 성심성의껏 협조해드리는 게 장땡 아니겠는가?

그러나 도를 넘는 취미생활은 결국 화를 부르는 법. 어느 날, 이미 40개가 넘는 칼을 품고 계시면서도 '칼집과 칼갈이를 선물로 받을 수 있다'는 홈쇼핑 선전에 넘어가 또 주문하겠다는 시아버지와 이를 말리는 어머니 사이에 한판 불꽃이 튀었다. 그러나 '칼집과 칼갈이'에 눈이 뒤집힌 시아버지를 말릴 자 그 누구랴. 결국 '어머니의 화장품 주문에 간섭하지 않는 것처럼, 당신의 취미활동도 존중해달라'는 시아버지의 이유 있는 항변에 무릎을 꿇은 어머니는 '주문 불간섭 협정'에 손도장을 눌러야만 했다.

시아버지는 수집뿐만 아니라 보호관리에도 빈틈이 없어, 모든 칼에는 당신이 손수 만드신 플라스틱 덮개를 씌우고, 프라이팬에는 코팅 보호 차원에서 헝겊을 깔아놓으신다. 특히 햇볕 좋은 날이면 불심검문에 들어가 코팅에 난 흠집을 잡아내시기 때문에, 억울한 누명을 쓰지 않으려면 이상을 발견한 즉시 신고해야 하고 설거지 후엔 반드시 시아버지께 '확인 필'을 받아놔야만 뒤탈이 없다.

남의 취미생활 갖고 욕하긴 뭐하지만, 별나다 별나다 이렇게 별난 양반은 살다 살다 처음이다!

눈물 /상/

이상한 발자국 소리에 선잠이 깨 올라가보니, 며칠 전부터 엉치뼈가 아프다며 절뚝거리기 시작하시던 시아버지가 결국은 지팡이를 짚으며 걷고 계셨다.

심장병 수술과 뇌일혈 등으로 여러 번 삶과 죽음의 기로에 섰던 시아버지는 병원 가는 걸 끔찍이도 싫어하시는데, 가장 큰 이유 중 하나는 바로 '병원 음식 불신증' 때문이다. 자기 식구가 끓여준 밥도 못 미더우신 분이 병원에서 끓여준 밥에 마음을 여실 리가 없지 않은가. 그래서 입원 내내 최소한의 곡기 섭취만으로 버티시다 결국 얼굴이 반쪽이 돼서 돌아오신다는 게 어머니의 설명이다.

이번에도 주치의한테 전화하겠다는 남편에게 '그놈은 정부 보조금 욕심에 내 다리를 자르려 들 거'라며 완강히 거부하셔서 사태의 추이만 지켜보고 있었는데, 상태가 점점 악화되어갔다. 그러다 결국, 지팡이를 짚으신 채로 고집스레 식사 준비를 하시던 중에 삐끗하시며 털썩 주저앉으시더니, 남편과 함께 병원에 가시기로 용단을 내리셨다.

차에 오르시며 내게 남기신 마지막 당부의 말씀. "스파게티 삶을 때 타이머 맞추는 거 잊지 말고, 마늘소스 맛있다고 다 먹지 말고 꼭 반만 쓰고 남겨놔라."

무슨 변이라도 생기면 이 말씀이 유언으로 남게 될 거라고 생각하니, 그 근심스런 와중에도 웃음이 새어 나왔다. 저 고집 센 양반을 누가 말려!

미안해요

아버님…
여기가 당신만의 작은 세상인 줄 알면서도
미친년처럼 마구 쥐고 흔들어댔습니다…
텅빈 부엌을 보니 아버님께 너무 미안하네요…

다음 날에 있을 MRI(자기공명단층촬영) 때문에 병원에서 주무실 거라는 연락을 받고, 어머니와 저녁 때 갖다드릴 식사준비를 하기 위해 부엌에 들어섰다. 주인을 잃은 텅 빈 부엌에 앉아서 시무룩하게 제자리를 지키고 있는 살림살이를 찬찬히 훑어보는데, 눈물 한 방울이 또르르 굴러 떨어졌다.

드디어 시아버지 간섭 없이 내 맘대로 '난장'을 벌일 수 있는 절체절명의 기회를 잡았는데, 기쁘기는커녕 마음 깊은 곳에서 뜻 모를 회한이 피어오르니 이게 뭔 조홧지 모르겠다.

'이 자릴 뺏어보겠다고 시아버지랑 쌈박질을 하다니······.'

부엌이 보통 사람에겐 단순히 배를 채우기 위한 공간이지만, 시아버지에겐 유대인이라는 이유로 해코지당할 염려도 없고 부당하게 해고당할 염려도 없는 안식처인 동시에, 그분의 재능과 지식을 마음껏 펼칠 수 있는 '그분만의 작은 세상'이었던 것이다. 그렇게 지난 30년간을 이 작은 둥지의 왕 노릇을 하며 행복하게 살아오셨는데, 어느 날 동방에서 쳐들어온 며느리가 '당신이 틀렸다'며 그 소박한 둥지를 쥐고 흔들기 시작했으니······.

어쩌면 다시는 시아버지의 요리를 맛볼 수 없을지도 모른다는 방정맞은 생각에, 얼기설기 복잡한 감정이 밀물처럼 밀려오기 시작했다.

눈물 /하/

어머니와 함께 병실 문을 열고 들어서니 시아버지는 진통제를 맞고 주무시고 계셨다. 평생 손에 물만 묻히고 살아오셔서인지 나보다 더 희고 깨끗한 아버지의 손을 잡고 이마에 살짝 뽀뽀를 했다.

'팔순이 가까운 노인네한테 무슨 남자 냄새가 난다고, 뽀뽀할 때마다 행여나 입술이 닿을까 싶어 각도조절에 그렇게 기를 써댔었는지…….'

그의 험난한 삶을 얘기해주는 듯 주름이 자글자글한 얼굴을 바라보며 또다시 눈물이 그렁그렁해지는데, 시아버지가 '번쩍' 눈을 뜨셨다.

"마늘소스 맛있었지? 소시지 구워서 같이 먹었냐?"

순간 떨어지기 직전이던 눈물은 황급히 자취를 감추고 말았다. '이 무드 없는 양반…….'

과일과 요구르트만 드시고 여지껏 빈속이라는 시아버지 앞에 집에서 만들어 온 밥과 '백설표 불고기 양념'으로 구운 불고기를 꺼내놓았더니, 뜻밖의 성찬에 감격하셨는지 "왜 김치는 없냐?"고 농담까지 하시며 한 그릇 다 싹싹 비워내셨다.

전날 밤 어머니가 강제로 껴주신 주석팔찌 때문인지 신기하게 차도를 보이신 시아버지는, 의사의 만류에도 불구하고 MRI 촬영을 마치자마자 집으로 돌아오셔서 다시 일상생활을 시작하셨다. 엉겁결에 떠맡은 부엌독점은 그렇게 하루 만에

끝이 나고, 김흥국의 호랑나비처럼 넘어질 듯 쓰러질 듯 아슬아슬한 모습으로 부엌을 종횡무진하시는 시아버지를 바라보는데, 이틀 전 뜨거운 눈물을 쏟으며 '앞으론 효도하겠노라' 다짐했던 기억은 어디론가 홀라당 날아가버렸다.

사지가 멀쩡한 성인이 셋이나 있는데도 음식 나르는 일 같은 허드렛일까지 손수 하셔야만 직성이 풀리는 시아버지를 보다 못해, "불편하신데 혼자 다 하시려 들지 마시고 우리에게도 도울 일을 달라."고 또 한마디하고야 만 것이다.

그렇게 한마디한 효과가 있었냐고? 있었지. 있어도 엄청나게 있었고말고!

시아버지 보시는 앞에서 0.5센티미터 두께로 토마토 두 개를 썰었고, 흙이 한 알갱이도 안 나올 때까지 박박 상추를 씻어 시아버지의 오케이 사인을 받아내는 쾌거를 이루었다! 이거 무슨 여름방학숙제 하는 초등학생도 아니고, 나이 마흔을 바라보는 주부가 할 짓이 영 아니었지만, 그나마 이 소박한 '품앗이'도 일주일 만에 끝나고 말았다.

노인들에게 흔히 나타나는 '퇴행성관절염'으로 판명난 후 빠른 속도로 회복을 보이시더니, 요즘은 지팡이도 팽개치신 채 예전처럼 훨훨 날아다니며 밥 세 끼 공급에 여념이 없으시기 때문이다.

'그래, 부엌 뺏길까 무서워서라도 그렇게 쉽게 가실 분이 아니지……'

서당개 풍월 읊던 날

묻지도 않은 음식 얘기를 눈만 마주쳤다 하면 풀어놓는 시아버지한테 1년을 시달린 끝에, 서당개가 멋지게 첫 풍월을 읊어냈다!

남편이 몬트리올에서 직장을 다니게 되었는데, 시아버지 주변에서 한 시간만 알짱거려도 영감이 꽉꽉 떠오르는 터라 원고를 마칠 때까지만 주말부부로 지내기로 했다.

처음 남편을 찾아가던 날 시아버지가 냄새 구리는 인도네시아산 새우젓, 쌀, 호무스, 마늘피클 등을 바리바리 싸주셨는데, 시아버지 몰래 빼돌린 금붙이가 있었으니 바로, 프랑스에 사는 형님이 소포로 부쳐주신 금값보다 비싸다는 향신료 사프란이다.

음식을 노랗게 물들일 때 쓰는 사프란은 수확하기도 힘들고 수확량도 많지 않아 향신료 중 가장 비싼 축에 든다. 그래서 맨날 들었다놨다 눈구경만 시키시고는 값싼 터메릭으로 대체하시는 걸 여러 번 봐왔기 때문에, 그분 눈에서 피눈물나게 할 순 없어서 어머니 허락 아래 약 5그램 정도를 절도한 것이다.

처녀가 애를 가져도 할 말이 있다고, 며칠 전 시아버지가 노란 밥에 온갖 해물과 야채, 고기가 가득한 '파엘랴'를 보여주시며 군침만 잔뜩 돌게 해놓곤, '손이 너무 많이 간다'며 만들어주질 않아서 입맛만 다시고 있었는데, 드디어 직접 만들

어 먹을 수 있는 절호의 찬스를 잡았으니 양심의 가책 따윈 안중에도 없었다.

그런데 쌀과 사프란만 달랑 들고 책에서 한 번 흘깃 본 파엘랴를 만들어 푸지게 먹고자 했던 꿈은 곧 난관에 봉착했으니, '파엘랴'라는 말에 광분한 주인 할머니가 근처에 사는 친척들에게 전화를 걸어 아들과 남편 친구인 조카를 초대하는 데 성공한 것이다!

예상 외로 판이 커지는 데 당황한 나는, 남편을 조용히 불러 무경험자임을 고백하고 시아버지께 비상연락을 취해 요리법을 얻어냈다.

시아버지의 파엘랴를 먹어본 경험이 있는 남편과 머리를 쥐어짜며 우여곡절 끝에 완성한 파엘랴. '세계 최고의 혀끝'을 자랑하는 프랑스의 후손들이 한국의 아낙네가 만든 스페인 요리를 먹겠다고 식탁에 둘러앉는 요상한 일이 벌어지고야 만 것이다.

처녀작이란 말에 놀라움과 경의를 표하는 초대객들과 오소부코, 리조또, 쿠스쿠스 등 시아버지 때문에 알게 된 서양 음식 얘기를 한국 음식인 양 자연스럽게 나누며, 고약한 훈장님 때문에 서당 생활을 청산하지 못해 안달하던 지난날을 돌아보니 만감이 교차했다.

다음 날, 첫 풍월의 승전보를 전하는 서당개에게 훈장님은 '파엘랴는 들어가는 재료가 워낙 많아서 맛없기가 쉽지 않은 음식'이라는 말씀으로 김을 빼셨지만, 나는 감지할 수 있었다. 그분이 내심 나를 후계자로 점찍고 계시다는 사실을!

시집살이 비교표

	일반 시댁	내가 사는 시댁
가사노동	이 집에 뼈를 묻을 각오는 돼 있겠지?	남의 집에서 왜 이렇게 설쳐대냐? 프라이버시를 존중해줘!
혼수	기둥뿌리가 흔들리고 등골이 휨	회접시, 은수저 한 벌 등 10만 원 내외
말대답	어디서 배워먹지 못한 짓이냐!	'예스'와 '노'가 정확해서 좋구만!
부부싸움	어른 모시고 살면서 웬 큰소리냐? 싸우려면 나가서 싸워라!	값나가는 거나 깨지 말아야 할 텐데……
고부관계	아들을 사이에 둔 삼각관계	시아버지를 골탕 먹이는 동지관계
식사시간	얼른 먹고 설거지해라!	와인 한 잔 더 할래?
낮잠	시부모 모시는 며느리가 팔자 한번 늘어졌구먼!	너 죽을래, 아님 잘래?(1)
방귀 뀔 때	"허흠!"—헛기침으로 어색함을 무마시키는 소극적인 시아버지	"꼬꼬, 너 뭐 훔쳐먹었냐?"—타동물(他動物)에게 책임을 전가시키는 공격적인 시아버지
시부모님 선물	보약, 현금, 양복티켓, 여행권	요리책, 예쁜 접시, 조리도구, 초콜릿
음담패설	"에이그, 남세스러워라!"	"너흰 애 안 낳고 사냐?"
시선처리	마주볼 때—"어디서 눈을 부라리냐?"	내리깔 때—"쟤 어디 아프냐? 화났냐?"

손주문제	떡두꺼비 같은 아들 하나 낳아라!	이민살이도 고달픈데 자식은 무신 자식······.
외출	저녁 전 귀가—저녁 지으려고	저녁 전 귀가—저녁 먹으려고
인사법	넥타이에 시선 맞추고 공손히 90도	하루 6회의 뽀뽀와 수시 포옹
애정표시	할 때—"어른 앞에서 뭣들 하는 짓이랴?"	안 할 때—"쟤들 저러다 헤어지는 거 아냐?"
그릇 깰 때	재수 없는 며느리	복 있는 며느리(2)

 (1) 유럽인들이 시에스타를 즐기는 건 알고 있었지만 시댁에 와서 보니 장난이 아니었다. 의무가 아니라 선택인 줄 알고 까불다가 두 분 낮잠을 깨운 적이 있는데 '옛날 스페인에서는 낮잠 깨우는 사람은 죽여도 정당방위로 간주되었다'는 무시무시한 얘기를 들었다. 그 후 살해 위협 속에 억지로 낮잠을 청하곤 했는데, 지금은 나도 흉기를 머리맡에 두고 낮잠을 잔다. zzz······.

 (2) 며느리가 그릇 깼다고 환호하는 시부모는 난생 처음이라 어안이 벙벙했는데, 시아버지가 들이미신 '예의' 증거자료로 사실을 확인했다. 그 후부터는 복을 불러들이려 더 자유롭게 깬다!

장수만세

시댁 식구들을 잘 살펴보면 대표적인 '선진국형 고령화 가족' 임을 알 수 있는데, 시아버지가 귀여운 막둥이로 누나 두 분과 형님이 아직도 정정하시기 때문이다. 그런데 작년에 큰누나가 자연사하신 후 일주일이 지나서야 경찰에 발견된 사건을 계기로 '안부 전화 걸기' 운동을 시작하신 시아버지. 하루가 멀다하고 미국과 프랑스로 전화를 거신다.

사춘기 때 누드해변을 찾았다가 '예술적 영감'에 사로잡혀 리비에라 해변에 정착하셨다는 사진사 형님은, 아직도 카메라만 들고 나갔다 하면 젊은 아가씨들이 줄줄 따르는 '팔순의 카사노바'라고 시아버지가 입에 침이 마르게 자랑하시지만 진실을 확인할 길은 없다. 또 '시아버지 승질을 제일 잘 안다'고 우기시는 여든둘의 누나는 1년이 지난 지금까지도 전화할 때마다 내 생사 먼저 확인하는 걱정 많은 노인네인데, 유엔에서 이라크로 파견한 '인권 사찰단' 같은 역할을 친척 대표로 맡았기 때문이라니 눈물겹기만 하다.

뭔 소린고 하니, 악명 높은 싸움대장 시아버지와 '함께 산다'는 충격적인 소식을 전해 들은 친지들이 '연약한 한국 여성의 앞날을 염려하는' 수많은 위로와 우려를 보내는 것으로도 모자라, 누나를 통해 내 안전을 수시로 확인하는 국경을 초월한 인류애를 실천하고 있는 까닭이다.

좌충우돌 문화 충돌기

마지막으로, 2차대전 때 독일군 비서로 유대인 학살을 간접 지원했던 전력이 있어 골수 유대인 사위와는 숙명적으로 친하려야 친할 수 없는 열 살 연상의 장모님이 계시다. 본인도 흑발에 갈색 눈이면서 '히틀러의 우성론'을 굳게 믿고 금발에 파란 눈을 가진 아들만 평생 편애하셨다는 이 특이한 장모님은, 아리아족과 아무 상관없는 '단군의 자손 한국인 손주며느리'의 머리와 눈 색깔도 어김없이 체크해보시고는 역시 깊이 실망을 하셨단다.

가벼운 치매 증상이 있어 결혼한 지 4년이 넘은 외손자의 결혼 사실을 통화할 때마다 '처음 듣는다'며 서운해하시는데, 나와 첫인사만 세 번을 나눈 끝에 결국 남편이 총각 행세를 하기로 온 가족이 입을 맞췄다. 그런데 얼마 전 어머니가 깜박하시는 통에 별수 없이 '네 번째 첫인사'를 나누게 되었는데, 달달 외어 유창한 내 불어 인사말과, 내 이름 '희원'을 프랑스 이름 '이본'과 혼동하시는 통에 나를 당신 동네 사람으로 착각하시게 되었다.

미처 설명할 틈도 없이 라틴어가 섞인 옛날식 불어로 '인생 90년사'를 풀어 놓으시는 바람에 듣다못해 수화기를 남편에게 넘겨주었는데도, 이를 눈치 못 채시고 남편과 작별인사까지 하고 전화를 끊으신, 미워하기엔 너무 귀엽게 노망든 장모님이시다.

지금까지 캐나다 퀘벡에서, 시아버지만큼이나 깜찍한 시아버지 주변 노인분들의 장수만세였다!

시집살이 1년 보고서

1) 시댁 문화 수용도

- 언어☆☆☆☆—아직도 "그렇게 얘기하면 개가 알아듣나? 이렇게 해야지, 송송 송." 하고 두 분이 다투시지만, 먹는 얘기나 내 험담하는 건 잘 잡아내니 먹고 살기엔 별 문제 없을 듯하다.
- 음식☆☆☆—세계 산해진미도 좋지만, 열무에 고추장 넣고 비벼서 이빨에 불 내가며 먹고 싶다.
- 인사☆☆—은근하고 품위 있는 한국식이 좋다. 가족들끼리는 더 살가워져서 좋긴 한데, 알지도 못하는 사람이랑 살을 맞댈 땐 아직도 좀 껄쩍지근하다.
- 프라이버시☆☆☆☆—시집살이하는 데 요놈만큼 편리한 놈이 없다.

2) 시댁살이 기여도

- 여권 신장☆☆☆☆—한국 여성이 프랑스 여성의 여권 신장을 위해 피터지게 싸운 끝에, 이젠 어머니도 목에 핏대 좀 세울 줄 아신다. 이런 건 어디서 표창장 안 주나?
- 가정 화목☆☆☆☆—시아버지의 기행이 짜증낼 일이 아니라 웃을 일이란 사실을 널리 퍼뜨린 공은 전 세계가 인정한다. 내가 들어온 후부터 웃는 시간이 먹

는 시간만큼 길어졌다.
- 환경 미화☆☆☆—꽃이 아플까봐 못 꺾는 심약한 어머니를 대신해 무자비하게 꽃을 꺾어 집 안으로 불러들인 지 1년. 음식 냄새만 풀풀 나던 집에 이젠 늘 꽃향기가 끊이질 않는다.
- 경제력☆—코딱지만한 식대로 1년 넘게 얹혀사는 데다, 그간 깨먹은 그릇, 인터넷 때문에 나는 잡음을 전화기 고장으로 오인해서 시아버지가 부순 전화기까지 물적 피해가 막심하다.
- 가문의 영광☆☆☆☆☆— '밤무대 무명 요리사'로 일생을 마칠 뻔한 시아버지를 발굴, 태평양을 가르는 스타로 키우고, 문자로 기록, 영구보존까지 하게 되었으니 만점을 받아 마땅하다!
- 한국 문화 알리기☆☆☆—고추장, 불고기, 김밥을 히트시키고 패티 김, 울릉도, 한복 등을 소개했다.

3) 설문 조사
- 얻은 것—가족애와 시간, 요리상식, 기회, 사기술.
- 잃은 것—편견과 뱃살, 갱생의지, 살림솜씨.

- 가장 보람 있던 일— '어머니 마음 · 스승의 은혜' 메들리로 박수 받았을 때.
- 가장 서운했던 일—시아버지가 막 맛이 든 김치를 썩었다고 버렸을 때.
- 시집살이 더 하고픈가?—할 만큼 했다. 시집살이 좋다는 사람 있음 나와보라 그래!
- 국제결혼을 장려하는가?—할 수만 있다면 같은 밥을 먹는 내국인과 하라! 보통 드세지 않고는 성공하기 힘든 게 국제결혼이다.

4) 총평

불평하기엔 너무 할 일이 없는 시집살이, 욕하기엔 너무 귀여운 시아버지, 포기하기엔 너무 먹고 싶은 김치와 밥 때문에 울고 웃었던 1년이었다.

이 여자가 사는 법

'자기 아버지가 이상해서 안 된다'며 반대하는 남편과 '얼마나 이상한지 함 겪어보자'는 마누라 사이에 시집살이를 둘러싼 요상한 공방전이 벌어졌다. 결국 돌아가신 친정 아버지까지 팔아가며 '부모님의 따뜻한 정이 그립다'고 눈물로 호소한 끝에 '금방 들통날 내숭 떨지 않고 승질대로 한다'는 혈서를 쓰고서야 시집살이 승낙을 겨우 받아냈으니, '귀머거리 3년, 장님 3년, 벙어리 3년'의 한국형과는 출발부터가 색달랐다.

그러나 자유가 아니면 죽음을 달랄 만큼 제멋대로 생겨먹은 나와, 시간과 용법과 분량 등 맞출 수 있는 건 모두 맞춰야 직성이 풀리는, 게다가 세계사의 소용돌이 속에서 이리 치이고 저리 치이며 독불장군이 된 시아버지와의 동거는 그야말로 '적과의 동침'이었다.

초반부터 먹거리 문제로 접전을 벌이며 '내 눈을 내가 찔렀다'고 방성대곡을 했지만 이미 소용없는 일. 위기를 기회 삼아 적극 활용하기로 작전을 바꾸고 보니, 시아버지가 제공하는 '일정한 시간에 치즈·와인을 곁들인 소량의 식사'가 바로 요즘 한국에서 떼돈을 들인다는 '웰빙' 식단이 아닌가!

숨겨두었던 비상식량을 땅에 묻고 배급품만으로 필요 열량을 채우며 하루 두 번 산책을 거르지 않았더니, 나잇살이라고 포기했던 똥배와 그 언저릿살 닷 근

이 빠져나가며 퀘벡의 몸짱으로 변신할 수 있었다.

또한 먹거리 말고도 종교나 인종문제 등 외국인끼리 건드려서는 안 될 주제만 골라서 시비를 거는 시아버지로 인해 '말로 해서는 안 되는 게 유대인'이라는 평범한 진리를 깨닫고는, 불철주야 연구 끝에 '당근과 채찍'과 '고양이 전법'을 개발하는 쾌거를 이뤄냈다!

즉, 정에 굶주린 시아버지 마음을 헤아려 구석기 시대에 본 '부시맨 사회에 콜라병 떨어진' 영화를 생전 처음 본다고 깔깔대주는 것이 당근이면, 아랍인처럼 여자를 낙타 취급하거나 살 색깔이나 신주단지를 슬슬 걸고넘어질 땐 머리끄덩이를 붙잡고 싸워서라도 밥그릇을 지켜내는 게 채찍이다.

'고양이 전법'은 이 집의 두 고양이에게 배운 방법으로, 시아버지가 약간 화나셨을 땐 주변에서 알짱대며 진화작업에 애를 써보지만, 진짜로 노발대발하실 땐 잽싸게 내 방으로 내빼는 게 상책이라는 '치고 빠지기' 전법이다. 이 전법은 어머니도 내팽개치고 토낄 만큼 절박한 상황일 때 써먹는 방법이다.

가끔 당근 던질 자리에 채찍을 휘두르거나 늦게 내빼서 낭패를 보는 경우도 있지만, 이 두 비법의 적절한 적용이 원만한 시집살이를 유지하는 데 가장 큰 효자 노릇을 해주었다고 할 수 있다.

이뿐 아니라, 모든 동식물과 수다를 떨 수 있다는 '산 속의 뺑덕어멈' 시어머니의 소개로 자연과 말 트기를 시작한 지 어언 1년. 이제는 한눈에 들꽃과 판매용을 구분하고, 눈 위에 난 발자국만으로 ET와 사슴을 구별하며, 온갖 짐승의 대소사를 참견하는 정글북의 모글리가 되었다.

그런데 왜 갑자기 이 다도시 생각이 나지? 그 아줌마는 한국에서 어떻게 사나 몰라?

애완동물 이야기

동물한테 한 꼭지도 내주지 않은 채 시댁 이야기를 마치면 '개 먹는 나라 출신이라 개를 짐승 취급한다'고 시아버지가 투덜대실 게 뻔해서, 자의반 타의반으로 '짐승 같은 이야기'를 쓴다.

애완동물 사랑에 둘째가라면 서러워할 프랑스 집안에 개 먹는 나라의 원조로 알려진 한국 며느리가 시집을 왔다는 것 자체에서, 벌써 뭔가 있음직한 수상쩍은 냄새가 나지 않은가?

물론 있다. 있고말고!

이 집에 처음 문을 열고 들어섰을 때 나를 맞아준 건, 작디작은 두 노인네와 그보다 더 큰 개 두 마리와 고양이 두 마리로, 그야말로 사이비 에덴동산 같은 분위기였다. 내 첫마디가 "처음 뵙겠습니다."가 아닌 "어머, 무슨 동물원 같애!" 였다고 지금도 두 분은 낄낄거리시는데, 그 더운 8월에 집채만한 개 두 마리와 집 안에서 함께 지내기가, 지금은 '고견(故犬)'이 된 두 견께 가능한 한 고운 말을 쓰고 싶지만 말 그대로 '개판'이었다.

그나마 천만다행인 것은, 한국이 개 먹는다고 오만 생난리를 피운 브리짓 바르도가 50년 전 방송국에서 마주친 시아버지에게 콧방귀를 뀌어준 덕에, 시아버지가 그녀가 하는 일은 죄다 싸가지 없다고 욕해서서 뜨거운 감자처럼 보이던 보신

짐승같은 이야기 -하나

짐승같은 이야기 -둘

탕 논쟁만은 피해갈 수 있었다.

고양이는 워낙 인간사에 관심이 없어서 별 충돌이 없었는데, 개 두 마리는 생긴 것도 하는 짓도 안 예쁜 데다 내 명령은 발음이 엉성하다는 핑계로 무시하기 일쑤고, 무엇보다 최고급 개사료를 충분히 주는데도 우리 먹기도 빠듯한 4인분에 2견분까지 포함돼 있는 것이 나의 가장 큰 불만이었다. 하지만 모든 인간세계와의 교류를 단절한 시아버지에게 개는 친구인 동시에 자식, 혹은 그 이상의 존재였기 때문에 두 '개님' 께 감히 함부로 할 수는 없었다.

고맙게도 시집살이를 시작하고 나서 얼마 후 늙은 암컷이 안락사를 당해서 수놈 하나만 남았는데, 김치 냄새에 줄행랑을 친 사건으로 왠수처럼 지내오다 너구리를 대신 먹어주고, 방귀를 대신 뀌어준 사건으로 개의 필요성을 깨닫기 시작하면서 조금씩 친해지게 되었다.

하지만 그럼에도 '개 닭 보듯 하던' 내가 개먹이 주는 일만큼은 눈에 불을 켰으니, 개를 사랑해서가 아니라 칼슘 보충을 위해 사료에 섞어주는 두부를 훔쳐먹기 위해서였다. 중국 음식엔 정체불명의 잡동사니가 많이 들어가서 늘 찜찜했는데, 검은깨, 콩, 당근 등을 섞어 만든 두부는 어찌나 맛이 좋던지 "개팔자가 나보다 낫다."고 툴툴대며 하나 둘씩 집어먹다 보면 개 몫으론 몇 개 남지 않을 때가 허다

했다.

그러던 어느 날, '며느리의 개사랑'을 참관하기 위해 순찰을 돈 시아버지께 '개밥을 사랑'하는 모습을 들키고 말았다. 개밥을 훔쳐먹는 내 모습이 측은했던지 맘씨 좋은 시아버지께옵서 그날 저녁에 두부를 간장에 조려주는 선심을 베푸셨지만, 내가 먹고 싶은 건 '요리'가 아닌 '개밥'이었다.

쓰다 보니, 시댁 얘기는 사람 얘기든 개 얘기든 결국은 먹는 얘기로 빠지는 특징이 있구만. 참내!

파리는 불타고 있는가!

　이스라엘 가자지구에서 이스라엘 군의 발포를 피해 달아나는 팔레스타인 사람들을 뉴스로 함께 지켜보던 중 '고것 쌤통이다! 그치?' 하는 얼굴로 내 맞장구를 간절히 기다리시는 시아버지께 오늘도 원하는 걸 드릴 순 없었다.

　그분과 텔레비전, 특히 뉴스를 함께 보는 일은 뼈를 깎는 인내심과 고도로 훈련된 기술 없이는 불가능한 일로, 처음엔 핏대를 세우며 그들보다 더 치열한 입싸움을 벌였지만, 시아버지와 세상 돌아가는 이치를 보는 눈이 조금은 떠진 지금은 입을 앙다무는 걸로 대신하고 만다.

　30년 묵은 골칫거리인 북한 핵문제도 해결 못 하고 해외로 도피한 평범한 아줌마에게, 그보다 더 오랜 역사와 피비린내를 자랑하는 '중동문제'를 들이미는 건 어리석기 짝이 없는 짓이다. 그러나 모든 아랍인과 유럽인, 기독교인을 '3적'으로 결정하고 '무조건 사살' 명령을 내린 시아버지를, 일본 놈만 보면 치를 떠시던 우리 어른 세대를 생각하며 이해하기 시작했고, 무엇보다 우리 조상이 형제였음을 알게 된 이상 유대인에게 핏줄이 땡기는 걸 막을 순 없다.

　하지만 조상의 사돈의 팔촌까지 따져봐도 아랍인과 원수진 일이 없고, 오히려 지난 70년대 사우디 사막에서 캐온 모래 묻은 달러를 밑천으로 지금의 등 따습고 배부른 생활을 할 수 있게 된 걸 잘 아는 마당에, 내 나라의 보편적인 정서를 거

스르며까지 시아버지 장단에 춤을 추고 싶지는 않다.

어느 날인가는 지구상의 보통 사람들처럼 무심코 내뱉은 '파리가 아름답다'는 감탄에 "아랍인이 득시글대는데 뭐가 아름답냐?"고 역정을 내시는 시아버지와 우격다짐을 벌이며, 프랑스를 향한 그의 강한 증오심에 몸서리를 친 적도 있다. 그 날 이후, 프랑스를 증오하는 시댁의 전반적인 분위기에 휩쓸려 그 좋아하는 파리를 대놓고 이뻐하지 못하게 됐으니, 이 집에 오고 나서 포기해야 하는 건 김치와 밥뿐만이 아니었다.

그러나 "히틀러가 성질이 조금만 느긋했어도 그 악명은 프랑스로 떨어졌을 거"라는 영국 『타임스』의 사설과, 이스라엘 총리가 "프랑스에 사는 유대인은 박해를 피해 이스라엘로 이민 오라."고 한 말로 인해 더욱 꽁꽁 얼어붙은 프·이 관계를 보며 시댁의 분위기를 이해하기 시작했다.

더구나 결혼과 함께 자동적으로 남편의 성을 따야 하는 영국과는 달리 퀘벡은 선택할 수 있다며, 유대인의 성을 달았을 때 받게 될지도 모를 불이익으로부터 나를 보호하려는 시댁 식구들의 따뜻함은 이 집안에 뼈를 묻고 싶은 마음이 들게 한다.

파리의 사촌인 이곳 퀘벡에서, 히브루어가 쓰여진 티셔츠를 입은 남편과 거리를 활보할 때 느꼈던 살기를 생각하면 겁이 좀 나지만, 부부는 공생공사인 법! 그 위험한 시아버지의 성과 내 아버지의 성 두 개를 모두 달고 이 어지러운 세계사를 평정하기로 비장한 각오를 해본다.

캬~! 이거 내가 쓴 거 맞아? 꼭 독수리 5형제가 출전하기 직전에 팀워크 다지는 것 같아!

그래도 못다한 이야기들

한 꼭지를 차지하기엔 너무 짧고, 빠뜨리기엔 너무 아까운 '명품'들만 한자리에 모았다.

● 영국에서 올 때 부친 이삿짐에 말썽이 생겨서 온 가족이 세관으로 총출동을 했는데, 대화 내용을 녹취해서 증거로 삼겠다는 시아버지와 세관원의 혈투 끝에, 시아버지의 승리로 녹취성공이라는 쾌거를 이루었다. 그 극성 때문이었는지 다음 날 이삿짐을 무사히 돌려받았는데, '이상한 붉은 가루는 압수하겠다'는 통지서와 함께 언니가 서울에서 부쳐준 '양양 고춧가루'만 쏙 빠져 있었다. '씨~ 언니가 제일 좋은 거라고 부쳐준 건데…….'

● 시아버지한테 미움받는 가장 확실한 길은 외식을 하는 것이다. 특히 외식하고 들어와서 '그 집 음식이 맛있었다'고 칭찬하는 것은 '호적에서 이름을 파라'는 뜻으로 혈육의 연을 끊고 싶을 때나 써먹는 방법이다. 반대로 음식 맛을 불평하거나 다음 날 배탈이 났다고 하면 미운 털이 바로 뽑힌다.

● 그래도 민주적인 시아버지처럼 보이고는 싶으셔서 가끔 우리에게 메뉴 선

택권을 주기도 하시는데, 질문엔 항상 함정이 있어 '찰떡같이' 알아들어야 한다. 큰 소리로 골랐는데도 미적대며 못 들은 척 재차 확인을 하실 땐 선택이 마음에 안 드신다는 뜻이니 재빨리 바꿔드려야 후환이 없다.

 • '커피 1회 공급'이 원만하게 진행되던 어느 날, 거실에서 텔레비전을 보고 있는데 시아버지가 커피잔을 코밑에 들이대시며 "커피 한잔 할래?" 하고 다 빠진 앞니가 드러나는 거부할 수 없는 미소를 지어서 또 한잔 하고 말았다. 그 후로 커피 타임엔 '방콕' 한다.

 •이태리 요리사가 스파게티 소스 만드는 걸 지켜보시던 시아버지가 '방법이 틀렸다!'고 펄쩍 뛰시며 증거자료를 찾아 헤매는 걸 보고 나서야, 김치 담그는 방법이 틀렸다고 구박한 게 내가 미워서가 아니었음을 깨닫고 두 발 쭈욱~ 뻗고 편히 잘 수 있게 되었다.

 •밥 먹고 싶어 안달하다가 시아버지와 싸우고 퉁퉁 부은 내게, 남편은 '동양인의 눈이 째진 이유가 밥 먹고 변비에 걸려서 눈을 질끈 감고 용쓰다가 굳어진

거'로 서양에선 알고 있다고 우스갯소리를 했는데, 한참 웃고 보니 은근히 화가 나서 그날도 한판 벌였다!

•처가에서 반대하는 결혼을 하는 죄로 신랑이었던 시아버지가 웨딩드레스에 피로연 음식까지 손수 다 준비를 하셨는데, 벌레 씹은 얼굴로 결혼식에 참석한 장모가 '피로연 접시가 흰색이 아니라 예의에 어긋난다'고 궁시렁대서 기어코 피로연장에서 한판 벌이셨단다. 부엌살림 문제로 여자랑 싸우는 건 예나 지금이나 별 차이가 없으신 듯…… ㅋㅋㅋ.

•프랑스에서는 우리와는 정반대로 임신한 배가 뾰족하면 아들, 둥글면 딸이라고 해석한단다. 둥근 배를 보며 둘째도 딸이 틀림없다고 모든 준비를 분홍으로 마쳤는데 난데없이 아들이 태어나 설움이 많았다는 불쌍한 남편. 그러게, 나라를 잘 가려서 태어났어야지!

•200개가 넘는 향신료 중 나를 가장 웃긴 건 '한국산 미풍'이다. MSG파동으로 우리 식탁에선 수십 년 전에 사라진, 미원도 아닌 미풍을 동네 레바논 가게에서

사셨다는데, 몸에 해로운 건 알지만 꼭 들어가야 할 요리가 몇 개 있다며 시아버지는 서랍 깊숙이 감춰두고 계신다.

3. 환장하게 맛있는 요리법

20여 년 전, 식당 개업식날 '빵꾸를 낸' 요리사 땜에 숨이 넘어가던 지인의 부탁으로, 시아버지는 난생 처음 식당 주방에서 소매를 걷어 부쳤다. 그러나 멋진 데뷔전에 따른 거금의 스카우트 제의를 "모르는 사람을 위해서는 음식 안 한다."는 명대사로 물리친 그분이 '이 책 사는 사람은 전부 내가 아는 사람' 이라며 꼬드기는 여우 같은 며느리 때문에 꼭꼭 감춰두었던 비법을 한국민께 공개하게 되었다.

들어가기 전에

    20여 년 전, 라이벌 식당 주인에게 매수당해 개업식날 '빵꾸를 낸' 요리사 땜에 숨이 넘어가던 지인의 부탁으로, 시아버지는 난생 처음 식당 주방에서 소매를 걷어 부쳤다.

    멋진 데뷔전에 따른 거금의 스카우트 제의를 "모르는 사람을 위해서는 음식 안 한다."는 명대사로 물리친 그분이 '이 책 사는 사람은 전부 내가 아는 사람'이라며 꼬드기는 여우 같은 며느리 때문에 꼭꼭 감춰두었던 비법을 한국민께 공개하게 되었다.

    그분의 요리감각은 거의 천부적으로, 중국 가게에서 처음으로 산 마늘종을 본능적으로 양파와 마늘을 넣고 간장과 설탕에 조려내 한국 며느리를 기절초풍시킨 적도 있다.

    당신의 30년 묵은 요리법이 태평양을 건넌다는 사실에 흥분하신 시아버지가 저 멀리 베두원족부터 모히칸족까지 전 세계 소수민족의 별미를 다 들이미셔서, '한국에서 구할 수 있는 재료'만 가능하다고 못을 박았더니 서운한 모습으로 한 발 물러섰다.

    한편, 우리의 파만큼이나 서양 요리에 자주 등장하는 '코리앤더'라는 야채가 있는데, 시아버지도 거의 모든 음식의 마무리를 코리앤더에 맡기곤 하신다. 그래서 독자의 이해를 돕기 위해 코리앤더의 한국명을 수소문하기 시작한 지 며칠 만에, 뜻밖에도 아래와 같은 처참한 결과를 얻고야 말았다.

"고수풀, 빈대풀이라고 하며, 원산지는 중국 등 아시아지만 빈대 냄새가 난다고 해서 한국에서는 약재로만 쓰일 뿐 식용으로는 인기가 없다."

세상에 이럴 수가! 시아버지께서 그리도 극찬을 하시던 그 향기가 바로 '빈대 냄새'였다니!

그 후부터는 코리앤더만 보면 냄새도 생긴 것도 빈대로 보여서 먹기가 여간 고역이 아니었는데, 사정을 알 리 없는 시아버지는 화원에 갔을 때 발견한 코리앤더 씨를 사주시며 '이 좋은 풀을 한국민에게 보급하는 일에 앞장서라'고 격려하셨다. 사실을 털어놓으면 '한국민의 콧구멍이 삐었네 어쩌네' 하실 게 뻔해서, 내 방 깊숙이 숨겨놓고는 현재 언니네 아파트 베란다에서 잘 자라고 있는 걸로 모든 조치를 끝낸 상태다.

따라서 코리앤더가 들어가는 요리는 가능하면 제외시키고 내가 먹어보고 '환장한 음식'만 선정하였고, 영국에서 직접 해먹던 음식도 가물가물한 기억을 되살리며 몇 개 포함시켰다. 시아버지가 아시면 당신의 독무대에 애송이 초대가수가 끼어들었다고 투덜대시겠지만, 어차피 펜대 쥔 사람은 내가 아닌가?

생각 같아서는 요리법대로 직접 만들어본 후에 글을 쓰고 싶었지만, 그분이 '숟가락을 혼자 독차지하고 내게는 설명만 하는 요리쇼'를 펼치는 데는 별 수가 없었다는 걸 이제 독자 여러분들도 아시리라 믿는다.

참고로, 모든 요리는 손 작은 시아버지 기준으로 계량된 4인분인 만큼, 한국인 평균 요구량으론 성인 3인분 정도로 양을 가늠하는 게 적당할 듯싶다.

자, 우리 모두 웃어가며 먹어가며 환장해봅시다!

오렌지 소스와 닭고기 프랑스 요리

재료준비

닭고기 반 마리(4등분한다) · 밀가루 2큰술 · 로즈마리 1찻술 · 물 1/4컵 · 오렌지주스 3/4컵 · 꿀 2큰술 · 마늘 · 식용유 · 발사믹 식초 2큰술 · 소금

 만들기

1. 토막낸 닭고기를 기름 두른 팬에 노릇하게 지져서 따로 담아둔다.
2. 같은 팬에 마늘을 볶다가, 오렌지주스와 물을 붓고 5분간 끓인다.
3. 식초와 꿀, 로즈마리를 넣은 후 간을 맞춘다.
4. 닭고기를 넣은 다음, 밀가루를 마지막에 넣고 걸쭉해질 때까지 조린다.

※ 소스의 농도는 물로 조절한다.

먹기

야채 리조또와 함께 먹으면 누가 옆에서 죽어 나가도 모른다. 한번은 먹는 데 정신이 팔려서 어머니 말씀도 귓등으로 들은 날 두고, 시아버지께서 "건드리지 마, 쟨 맛있는 거 먹을 땐 원래 말 안 해." 하며 거들어주신 일도 있다.

 뒤풀이

- 평범한 닭도리탕이 지겨울 때 해먹기 좋은 서양 닭요리로, 만들기도 쉽고 보기에도 근사해서 샐러드나 빵, 적포도주와 함께 내놓으면 손님 접대용으로도 환상이다.
- 오렌지 대신 레몬주스를 넣어도 '트레봉!'
- 서양 요리 실습을 망설이게 만드는 최고의 골칫거리는 바로 향신료. 그러나 말 그대로 '음식의 맛을 돋우는 액세서리'일 뿐 생략해도 먹는 데는 별 지장이 없으니, 없으면 없는 대로 떨지 말고 뛰어들 것!
- 시댁에 와서 토끼, 사슴, 물소, 오리, 칠면조 고기까지 오만 걸 다 먹어봤지만, 역시 슬기로운 우리 조상님 입맛대로 최고의 '남의 살'은 소고기와 닭고기였다.

📺 봉숭아 학당

- 발사믹 식초는 5년 이상 숙성시킨 포도주 식초의 일종으로, 그 자체만으로도 드레싱으로 쓰일 만큼 최고급 식초 대접을 받는데, 올리브유에 한 방울 떨어뜨려서 빵에 찍어 먹어도 맛있다.
- 로즈마리를 불어로 '로마랭'이라고 한다. '아는 것도 많다!' 고 입 쩍 벌릴 필요 없다. 우리 시아버지한테 1년만 들볶이면 방귀가 아랍어로 뭔지도 알게 된다.

마늘소스 스파게티 이태리 요리

재료준비

마늘 한 톨 · 물 한 컵(200ml) · 치킨스톡 1찻술 · 올리브유 3큰술 · 소금 약간 · 후추 1큰술 · 파슬리 한 주먹 · 파미르산 치즈

- 통마늘을 칼로 눌러서 으깬다.
- 통후추를 절구나 후추밀을 이용해서 큰 알갱이로 간다.
- 치킨스톡 대신 소고기 다시다를 넣어도 되지만 맛이 좀 달라진다.

 만들기

1. 작은 냄비에 물을 한 컵 넣고 끓인 후에 치킨스톡과 소금을 넣는다.
2. 으깬 마늘을 넣은 다음, 약 3분 후에 불을 끄고 파슬리를 넣는다.

3. 올리브유를 넣고 도깨비방망이로 모두 함께 잘 섞는다.
4. 굵게 빻은 후추를 넣는다.

 먹기

스파게티를 삶은 다음 물만 따라 버리고, 마늘소스를 넣어 버무린 후 치즈를 듬뿍 넣어 먹는 게 최고지만, 컬리플라워나 브로콜리 같은 야채를 데쳐서 그 위에 뿌려 먹어도 맛있다. 또 새우나 오징어, 조개 등을 넣으면 근사한 해물 스파게티가 된다.

 뒤풀이

- 시아버지는 매주 금요일마다 스파게티를 하시는데, 기본적인 토마토 소스를 비롯해, 볼로네즈, 카르보나라, 시금치, 바질, 해산물 등 다양한 소스와 함께 바꿔 먹는 맛이 기가 막히다. 당신이 개발했다며 큰 바비큐용 소시지를 오븐에 구워서 함께 먹는데 의외로 잘 어울린다.
- 시금치 크림소스를 소개하라고 잔소리하시는 시아버지께 대답은 찰떡같이 했지만, 내 백성 입맛은 내가 아는 법! 맛도 좋고 만들기도 쉬운 마늘소스로 결정했다.

🏫 봉숭아 학당

- 파슬리는 우리가 흔히 보는 장식용 꽃파슬리와 이태리산 식용파슬리가 있는데, 이태리산이 입이 크고 넓적하며 향이 풍부해서 맛이 더 좋지만, 없으면 꽃파슬리를 넣어도 무방하다.
- 파미르산 외에 로마노, 그뤼에르, 에멘탈러 치즈도 스파게티와 잘 어울린다는 시아버지 말씀!
- 스파게티랑 파스타가 헷갈린다구? 파스타는 국수의 총칭이고 스파게티는 가늘고 기다란 모양을 띤 파스타의 한 종류로, 이보다 더 가는 건 '스파게티니'라고 한다.
- 스파게티를 삶을 때는 올리브유를 한 숟갈 넣는다. 종류에 따라 다르긴 하지만, 대략 12분 정도 지나면 완벽하게 삶아진다.

구아카몰 멕시코 요리

재료 준비

아보카도 1개 · 레몬 작은 거로 반 개 · 파, 피망, 양파 잘게 다져서 1찻술 · 소금, 후추, 서양식 고춧가루(칠리), 마늘가루 각각 반 찻술씩

- 아보카도는 만져봐서 살이 쑥 들어갈 정도로 잘 익은 것을 준비한다.
- 파는 맵지 않고 연한 게 맛있고, 붉은색 양파나 노란색 피망이 더 좋다.
- 후추는 통후추를 갈아서 큼직한 알갱이를 넣는 게 훨씬 향이 좋다.

 **만들기**

1. 아보카도를 그릇에 담고 수저나 방망이로 으깬 후 레몬을 짜 넣는다.
2. 소금, 후추, 칠리 등 갖은 양념을 한 다음 나머지 재료를 넣고 함께 버무린다.

먹기

- 멕시코의 대표적 음식인 토틸라나 나초칩과 함께 먹는 게 좋지만, 옥수수로 만든 콘칩이나 크래커, 빵에 발라 먹어도 맛있고, 샐러리, 홍당무, 오이 등 생야채를 찍어 먹어도 엄청 맛있다.
- 마늘빵에 삶은 달걀을 썰어 올리고 구아카몰을 바른 후, 잘게 썬 올리브로 장식을 하면 훌륭한 손님 접대용 전채요리가 된다. 단, 하루만 지나도 변색이 되고 맛이 덜하기 때문에 만든 날 다 먹어치워야 하는 단점이 있다.

 뒤풀이

시아버지는 진짜 레몬 대신 시중에서 파는 레몬즙을 넣어 만드셨는데 훨씬 맛이 없었다. 하지만 맛이 어떠냐는 시아버지께 내가 드린 대답은? 물론, "트레봉!"
꼭, 플라스틱 레몬이 아닌, 진짜, 정말, 순, 레몬을 직접 짜 넣어야 한다.

봉숭아 학당

- 서양 배처럼 생겨서 본명이 'Avocado pear'인 아보카도는 학문적으론 과일로 분류되지만, 실제로는 샐러드나 샌드위치, 식욕을 돋우는 전채요리에 채소처럼

쓰이기 때문에 시아버지같이 오래된 유럽인들은 대부분 채소라고 우긴다.
- 아보카도 껍질 잘못 벗겨서 뭉그러뜨려 놓고 속쓰려 할 소시민을 위한 아보카도 벗기는 법!

하나. 반을 갈라서 양손에 쥐고 각각 반대 방향으로 뒤튼다.

둘. 씨에 붙어 있는 반쪽도 다시 반을 갈라 손으로 떼어낸다.

셋. 손가락으로 꼭지 반대쪽부터 껍질을 벗겨내면 그림같이 벗겨진다. 안 되면 칼을 쓰라!

리조또 이태리 요리

재료준비

쌀 2컵 · 물 5컵 · 양파 반 개 · 표고버섯 1컵 · 파미르산 치즈 간 것 1/4컵 · 마늘 5쪽 · 기름 2큰술 · 치킨스톡 1찻술 · 소금과 후추

● 양파는 잘게 썰고, 버섯은 꼭지를 뗀 다음 채를 썬다.

 만들기

1. 기름 두른 밥솥에 버섯을 볶은 다음 그릇에 따로 담아놓는다.
2. 양파와 마늘을 볶다가 양파가 투명해지면 쌀을 넣고 볶는다.
3. 물과 치킨스톡을 넣고 뚜껑을 덮은 다음 12분간 그대로 놔둔다.
4. 밥이 끓으면 불을 줄이고, 한 번 휘저은 후 3분간 뜸을 들인다.

5. 볶은 버섯과 치즈를 넣고 간을 맞춘 다음, 다시 휘젓고 나서 3분간 마지막 뜸을 들인다.

 뒤풀이

- 시아버지의 요리 중 내가 가장 좋아하는 이태리 요리로, 만들기도 쉽고 맛도 일품이다.
- 시아버지가 아시면 펄쩍 뛰시겠지만, 나만의 한국식 리조또를 공개하겠다. 찬밥 남은 것에 먹다 남은 야채, 소시지 등 온갖 잡것들을 다 집어넣어 볶다가, 물과 다시다를 넣고 걸쭉하게 끓인 후 마지막에 체더 치즈나 슬라이스 치즈를 넣어서 휘휘 저은 후 먹었는데, 돈도 안 들고 맛도 기막혔다.

봉숭아 학당

- 아보리오라는 이태리 쌀로 하는 게 원칙이지만, 우리 나라 쌀같이 쩍쩍 들러붙는 쌀이면 다 된다.
- 실험정신 높은 시아버지가 찹쌀을 이용해 리조또를 만드셨는데, 너무 찰져서 내 입맛엔 별로였지만 신대륙이라도 발견하신 양 기뻐하시는 시아버지께 초를 칠

수 없어 "트레봉!"을 외친 죄로, 우리집은 자주 찹쌀 리조또를 해 먹는다.
- 쌀 요리와 가장 잘 어울리는 치즈는 폰티나지만, 구하기 쉬운 파미르산이나 그뤼에르 치즈도 좋다.
- 스테이크와 샐러드를 곁들이면 근사한 손님 접대용 요리가 된다.
- 해물, 볼로네즈 소스, 노란 단호박 등 입맛에 맞게 다양한 리조또를 만들 수 있는데, 버섯 리조또를 제외한 대부분의 리조또엔 사프란이나 터메릭 등의 향신료가 들어간다.

멸치 스파게티 이태리 요리

재료준비

양파 1개 · 토마토 1개 · 토마토 소스나 조각 1캔(300ml) · 마늘 반 톨 · 레드와인 반 잔 · 바질이나 오레가노, 칠리 각각 1찻술 · 소금 · 멸치 반 캔 · 식용유 · 치즈 · 파슬리 · 스파게티

 만들기

1. 식용유를 두른 팬에 양파와 마늘을 넣고 양파가 투명해질 때까지 볶는다.
2. 토마토와 칠리, 후추를 넣고 좀더 볶는다.
3. 토마토 소스와 소금, 와인을 넣고 약한 불에 뭉근하게 졸인다.
4. 바질이나 오레가노를 넣고 멸치를 다져서 넣은 후, 5분 정도 더 끓인다.

※ 멸치는 수입 판매되고 있는 네모난 캔에 든 지중해산 멸치 통조림이어야 한다.

뒤풀이

- 프랑스 리비에라에 사시는 형님이 보내준 멸치로 만든 스파게티를 생전 처음 맛본 날, "이 집에 시집오길 정말 잘했다!"며 눈물을 글썽거렸다.
- 남편은 멸치 피자도 자주 만들었는데 그 또한 맛이 기막히다.
- '할라피뇨'라는 고추절임과 같이 먹으면 '주~우겨 준다!'

봉숭아 학당

- 시아버지는 주로 토마토 소스를 쓰시는데, 통토마토를 잘라서 캔에 넣어둔 게 훨씬 맛이 좋다.
- 시중에 나온 대부분의 요리책에는 토마토를 더운 물에 데쳐서 껍질을 벗기라고 적혀 있는데, 내가 본 영국인, 프랑스인, 퀘베커 모두 통토마토를 껍질째 넣어 소스를 만든다. 아무 문제없이 맛만 좋으니 한번 믿고 해보라!
- 시아버지에 따르면, 세상에서 가장 매운 고추는 서인도산의 아바네로라고 한다. 우리 나라의 청양고추도 만만치 않다고 말씀드렸지만 별로 믿지 않는 눈치셨다. 또한 헝가리에서 많이 재배되는 파프리카는 매운 맛이 전혀 없어 주로 붉은 색깔을 낼 때나, 음식 위에 장식용으로 뿌린다.

- 스파게티를 포크와 큰 수저로 먹는 걸로 알고 있었는데, 직접 와서 보니 이태리 사람들조차 포크를 접시에 대고 둘둘 말아서 먹고, 시부모님도 숟갈 얘기는 처음 듣는다며 웃으셨다.
- 스파게티 양은 보통 1인분에 70~80그램 정도지만, 먹고 남은 스파게티는 치즈를 듬뿍 뿌린 다음 오븐에 구워 핫소스를 뿌려 먹으면 색다른 맛이 나니 떨지 말고 듬뿍 삶을 것.

위베르식 야채 요리 프랑스 요리

재료준비

가지 1개 · 토마토 1개 · 토마토 통조림이나 소스 · 호박(가지의 반만큼) · 양파 반 개 · 마늘 · 소금과 후추 · 파슬리 · 치킨스톡

- 가지와 호박은 큼지막하게, 토마토와 양파는 그보다 반 정도 작게 자른다.
- 가지는 검게 잘 익은 걸 사용한다.

 만들기

1. 기름을 두르고 양파와 마늘을 넣고 볶다가 가지, 호박, 토마토를 차례로 넣는다.
2. 한 5분간 더 볶다가 토마토 소스와 치킨스톡을 넣는다.
3. 걸쭉해질 때까지 끓인 후 소금, 후추로 간을 맞추고 3분간 더 끓인다.
4. 불을 끄고 그릇에 옮긴 다음 마지막으로 파슬리를 뿌린다.

친장히게 맛있는 요리법

먹기

빵이나 밥, 쿠스쿠스와 함께 먹는데, 모든 재료가 뭉그러질 때까지 오래 끓여야 맛있다.

뒤풀이

프랑스 요리책에서 비슷한 걸 봤지만 '당신이 개발한 순수 창작품'이라고 우기시는 시아버지의 주장을 받아들여, 그의 이름을 붙이는 아부 근성을 유감없이 발휘했다. 책 속에 당신 이름을 딴 음식이 실린 걸 보면 내가 얼마나 예쁘시겠는가?

봉숭아 학당

- 쿠스쿠스는 튀니지나 알제리 같은 북아프리카나 중동 지역의 주요 곡물로, 밀로 만든 조같이 생긴 노란 알갱이인데 내가 환장하는 음식 중 하나다. 우리 나라에선 아직 구하기 어려운 걸로 아는데, 유럽, 특히 프랑스는 고속도로 휴게소 같은 데서도 각종 샐러드와 함께 팔고 있으니 꼭! 맛보라고 권하고 싶다.
- 밖에 나와 보니 검은 가지 말고도, 노란 가지, 초록 가지, 빨간 가지 등 가지는 정말 가지가지였다.

- 시아버지는 파슬리 대신 '빈대풀'을 뿌리라고 하셨지만 내 맘대로 파슬리로 바꿨다. 우리끼리 얘기지만 실은 아무것도 안 뿌리는 게 더 맛있다.

파엘랴 스페인 요리

재료준비

- 밥물 · 밥 · 다시다 · 사프란 반 찻술
- 야채와 해물류 400g: 양파 1개 · 피망 1개 · 완두콩 한 줌 · 마늘 1큰술 · 홍합 · 오징어 · 새우
- 기타: 닭고기 200g · 초리조(스페인산 딱딱한 소시지) · 올리브 한 캔 · 올리브유 3큰술 · 소금과 후추 · 다진 파

 만들기

1. 물에 다시다를 넣고 사프란이나 터메릭을 푼 후, 평소보다 되직하게 밥을 짓는다.
2. 야채를 팬에 볶아서 그릇에 따로 담아둔다.
3. 같은 팬에 닭고기를 먼저 볶다가 해물류를 넣어 볶는다.

4. 볶아둔 야채를 3번과 합한 후에, 올리브와 초리조를 넣고 간을 맞춘 후 약 3분간 볶아낸다.
5. 큰 접시나 양푼에 4번과 밥, 올리브유를 넣고 잘 섞은 다음, 다진 파를 뿌리면 완성이다.

 먹기

- 오만 가지 재료가 다 들어가는 일품요리로 다른 건 아무것도 곁들일 필요가 없다. 그러나 약간 서운하다면 프렌치 드레싱을 가볍게 뿌린 양상치 샐러드와 함께 먹으면 좋다.
- 원래는 나지막한 파엘랴용 프라이팬에 담아 약한 불에 올려놓은 채 따뜻하게 먹어야 하지만, 오븐에 미리 데운 크~은 접시에 담아놓고 각자 떠먹게 해도 된다.

 뒤풀이

- 1년산 서당개가 읊었던 첫 풍월을 기억하십니까? 온 퀘벡 시내를 소란스럽게 했던 바로 그 음식으로, 요리책엔 너무 복잡하게 나와서 엄두가 안 났는데 시아버지의 간단명료한 비법으로 초짜의 성공적인 데뷔작이 되었다.

- 좀 사는 집은, 왕새우나 가재를 사람 수에 맞게 사서 하나씩 올려주며 폼을 내기도 한다.

봉숭아 학당

- 초리조를 구할 수 없으면 딱딱하게 마른 소시지를 둥글게 썰어 넣어도 된다.
- '망고, 복숭아, 배, 살구' 등 과일도 들어간다고 쓰여 있는 요리책을 분명히 봤는데, 시아버지는 맛없다며 절대! 넣지 말라신다. 그러나 하지 말라는 건 더 하고 싶은 법. 다음번엔 과일을 넣어서 만들어볼 생각이다.
- 밥을 노랗게 만드는 향신료엔 사프란, 스피골, 터메릭이 있는데, 이 중 터메릭이 가장 값이 싸다.
- 올리브는 주스와 함께 캔에 들어 있는 게 제일 맛이 없지만, 구하기 쉬운 걸로 아무거나 넣는다.

브로콜리 그라탱 프랑스 요리

재료준비

- 주 재료: 감자 5개 · 브로콜리 반 다발 · 마늘 3쪽 · 물 4컵 · 피자 치즈 1팩
- 소스 재료: 버터 1/4컵 · 밀가루 2큰술 · 야채 삶은 물 150ml · 라이트 크림 150ml · 파미르산 치즈 1/4컵

- 감자는 0.5센티미터 두께로 썰고, 브로콜리는 먹기 좋게 썬다.

 만들기

1. 마늘을 넣은 물에 감자와 브로콜리를 삶는다.
2. 약간 서걱서걱할 때 불을 끈 다음 물을 150ml만 남기고 버린다.
3. 2번을 오븐 팬에 담고 소스를 부은 다음, 간을 맞춘 후 피자 치즈를 고르게 잘라 덮는다.

4. 200℃에서 약 20분 정도 두면 치즈가 노릇노릇해진다.

※ 소스 만드는 법: 버터를 녹인 후 밀가루를 넣고 볶다가, 야채 삶은 물을 천천히 붓는다. 좀 걸쭉해지면 크림과 치즈를 넣은 다음 간을 맞춘다.

 뒤풀이

- 시아버지는 내가 타바스코 소스(핫소스)를 쳐서 먹을 때마다 법도에 어긋난다고 눈살을 찌푸리시지만, 아주 궁합이 잘 맞는다.
- 화이트 소스 만드는 게 거북살스런 나같이 게으른 사람들을 위한 비법 하나! 시중에서 파는 소고기 수프를 대신 끓여서 부으면 맛도 더 좋고 간편해서 부담도 안 간다.

봉숭아 학당

- 그라탱은 원래 이태리 음식이지만, 감자와 브로콜리 그라탱은 남프랑스의 소도시 '방데'가 원조라는 시아버지 말씀을 듣고 몰래 책을 뒤져 증거를 찾아내고야 진짜임을 믿었다. 싸우면서 닮는다더니, 나도 시아버지가 당신 나라 음식 얘기를 하셔도 선뜻 믿지를 못하고, 꼭 기록을 확인하고 나서야 믿는 전염병에 옮았다.

'그래, 우린 오누이가 틀림없어…….'
- 우리 나라의 '피자 치즈' 같은 모짜렐라를 넣는 경우도 있지만, 그라탱엔 주로 딱딱한 치즈를 갈아 넣는다.

소간 구이 *이태리 요리*

재료 준비

소간 1근 · 양파 1개 · 버터 3큰술 · 올리브유 2큰술 · 백포도주 3큰술 · 소금 · 후추 · 파슬리

● 양파는 아주 얇고 둥글게 썰어놓는다.

 **만들기**

1. 양파를 올리브유에 충분히 볶은 다음, 다른 그릇에 담아둔다.
2. 1번의 팬에 버터를 두르고 소간을 지지는 도중에 와인을 넣는다.
3. 노릇하게 익은 소간을 접시에 담고, 양파를 다시 소간 구운 팬에 넣어 그 국물로 볶아낸다.
4. 소간 옆에 양파를 담고 파슬리를 뿌려서 먹는다.

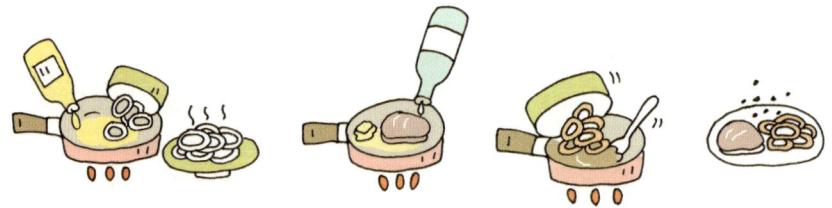

먹기

- 뭔가 특별한 음식이 그리울 때 안성맞춤이다. 양파를 얇게 썰어서 잘 볶는 게 승패를 좌우한다.
- '폴렌타'라는 옥수수 가루로 만든 이태리식 부침개와 먹어야 제격이지만, 간단하게 맛 좋은 호밀빵과 함께 먹어도 무난하다. 단, 밥이나 파스타와는 잘 안 어울린다. 보너스로 좋은 적포도주를 곁들인다면 더욱 감칠맛이 난다.

 뒤풀이

- 원래 간이나 오줌보, 지라 등 이상한 부분은 먹지 않는데, 시아버지의 소간 구이는 거부할 수 없을 만큼 나를 감동시켰다.
- 내 감동에 '업' 되신 시아버지께옵서, 몇 년 전 소 오줌보를 위스키에 하룻밤 담가서 냄새를 싹 없애고 요리를 해 남편 친구들을 감동시킨 얘기를 꺼내며 내 의향을 타진하셨다. 나는 말이 떨어지기가 무섭게 용기를 내어, 두 주먹 불끈 쥐고 "농!"을 외쳤다. 아무리 맛있어도 오줌보까지 먹고 싶진 않다.

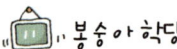 봉숭아 학당

이태리의 베네치아 지방에서 유래된 요리라고 한다.

오징어 요리 프랑스 요리

A. 오징어 밥

재료준비

오징어 1마리 · 쌀 2컵 · 토마토 소스 3컵 · 양파 반 개 · 물 2컵 · 적포도주 2큰술 · 버터 1큰술 · 소금과 후추 · 마늘 1큰술 · 치킨스톡 1큰술

● 오징어는 0.5센티미터 두께로 둥글게 썬다.

 만들기

1. 양파와 마늘을 버터에 볶다가, 쌀을 넣고 토마토 소스와 물, 치킨스톡을 넣는다.
2. 밥을 짓는 동안 팬에 버터를 두르고 오징어를 볶다가, 와인을 넣고 간을 맞춘다.
3. 불을 약하게 해서 뜸이 들 때쯤, 오징어를 넣고 잘 휘저어준 다음 5분 후 불을 끈다.

먹기

먹을 때 치즈를 뿌려서 먹으면 더 맛있다. 물론 시아버지는 예외 없이 빈대풀과 함께 내오셨다.

B. 오징어 카레

재료준비

오징어 큰 거 1마리 · 카레 한 봉지(중간맛) · 양파 1개 · 기름 · 소금

 만들기

먹기 좋게 썬 오징어를 기름에 볶다가, 미리 준비해둔 카레를 붓고 끓인다.
※ 파리의 한 식당에서 처음 먹어보고 너무 맛있어서 집에 오자마자 실습을 했는데, 만들기도 쉽고 맛도 좋았다.

 뒤풀이

오징어는 오래 끓이면 질겨지는 성질이 있으니 '5분 이상 센 불에 놔두면 집안 망한다'는 시아버지의 경고가 있었다.

📺 봉숭아 학당

카레의 종주국인 인도에서 먹는 카레가 오히려 맛이 없었다고 불평하는 사람들이 많다. 인도 사람들이 많은 영국은 특히 카레 문화가 발달해서 온갖 종류의 카레를 다 맛봤지만, 역시 내 입맛엔 '오뚜기 카레'나 일본 카레가 최고였다!

오소부코 지중해식 요리

재료준비

소고기 1근 · 홍당무 2개 · 양파 1개 · 샐러리 두 뿌리 · 호박 반 개 · 토마토 퓨레 2큰술 · 버터와 식용유 1큰술 · 백포도주 1컵 · 바질이나 타임 1큰술 · 밀가루 반 컵 · 소금과 후추 · 물 반 컵 · 다시다 2큰술

- 고기를 큼직하게(4cm×5cm) 자른다.
- 야채도 닭도리탕 할 때처럼 큼직하게 썬다.

 만들기

1. 고기에 밀가루를 입혀 버터와 식용유 두른 팬에 지진 다음 따로 담아둔다.
2. 물에 소고기 다시다를 풀고 토마토 퓨레를 잘 섞는다.
3. 2분 후에 백포도주 반 컵을 붓고 10분간 끓인다.

4. 야채를 넣고 중불에서 20분간 더 끓인다.
5. 간을 맞춘 후 고기를 넣고, 나머지 와인 반 컵과 타임이나 바질을 넣은 다음 뚜껑을 덮는다.
6. 약한 불에서 40분 이상, 고기가 푸~욱 익을 때까지 끓인다.
※ 무릎 연골이 들어간 다릿살을 사용하는 게 원칙이란다.

 먹기

- 파슬리와 마늘 다진 것, 레몬 껍질을 같은 비율로 갈아서 섞은 것을 '그레몰라타'라고 부르는데, 고기 요리에 얹어서 함께 먹는다.
- 리조또나 파스타와 마찬가지로, 적포도주 한 잔을 곁들여서 먹으면 끝내준다.

 뒤풀이

한국인의 입맛을 잘 모르시는 시아버지가 '양고기'라고 하신 걸 내 맘대로 '소고기'로 바꿨다. 어차피 한글을 모르시니 누가 앙심을 품고 꼰지르지 않는 한 탄로날 턱이 없다.

📺 봉숭아 학당

- 'Head of the shop' 이라는 모로코 향신료에는 후추, 계피, 장미씨, 라벤더 등 20개 이상의 재료가 들어가는데, 그 중에는 스태미나에 좋다는 스페인산 녹색 파리도 있단다.
- 와인은 각 나라와 지역에 따라 맛이 천차만별인데, 이태리 와인은 단맛이 없고 그리스 와인은 단맛이 너무 강하고, 미국이나 프랑스 와인이 그 중간으로 내 입맛엔 가장 맞았다.

따진 모로코·튀니지·알제리 등 북아프리카 요리

재료준비

소고기 1근 · 양파 큰 것 2개 · 당근 2개 · 말린 자두나 건포도 150g · 올리브유와 버터 각각 2큰술 · 마늘 한 톨 · 레몬 반 개 · 올리브 1캔 · 물 1컵 · 소금과 후추

- 소고기와 당근은 닭도리탕 만들 때처럼 큼직하게, 양파는 그보다 작게 썬다.
- 올리브는 씨가 든 이태리나 그리스산 검은 올리브가 제일 맛있다.

만들기

1. 기름과 버터를 함께 두른 팬에 소고기를 넣고 익힌다.
2. 소고기를 팬 가장자리로 내몰고, 팬 중앙에서 마늘과 양파를 볶는다.
3. 2번에 당근을 넣고 볶다가 간을 맞춘 다음 5분간 끓인다.

4. 올리브를 넣고 레몬즙을 짜 넣는다.

5. 약한 불에서 한 시간 정도 끓인 후 준비한 과일을 넣고 40분간 더 끓인다.

 먹기

모로코, 알제리, 튀니지 등 대표적인 북아프리카의 아랍 음식으로, 쿠스쿠스와 함께 먹거나 빵을 소스에 찍어 먹는다.

 뒤풀이

- 시아버지가 가장 어깨에 힘주는 음식 중 하나로, 생일이나 국경일 등에 먹는 대표적인 우리집 명절음식이다. 가끔 배를 넣기도 하는데 말린 자두가 훨씬 맛있었다.
- '따진'은 모로코 이름이고 알제리 말로는 '트피나'란다. 발음을 잘 알아듣지 못해 되묻는 나를 보며 시아버지가 '트'에 악센트를 주었는데, 그 순간 다 빠진 앞니 사이로 쿠스쿠스 알갱이 하나가 삐져 나와 내 접시에 떨어졌다. 언놈이 언놈인지 분간이 안 가서 그냥 다 입에 털어 넣었다. 으웩!

🏮 봉숭아 학당

- 말린 자두나 건포도는 양고기, 소고기와 잘 어울리고, 닭고기는 레몬과 궁합이 잘 맞는다.
- 토막낸 레몬에 소금을 잔뜩 뿌려서 병에 담고, 뜨거운 물을 채워서 한 달간 묵혀 뒀다가 닭고기 따진을 해먹으면 맛이 기가 막히다.
- 오래도록 따뜻하게 먹기 위해 특별히 제작된 따진용 도기가 따로 있는데, 시누이가 선물한 그 도기가 뚜껑도 잘 안 맞고 맘에 안 든다고 광에 두라고 하시는 걸 간신히 뜯어말렸다.

서양식 감자 요리

A. 감자 샐러드

재료준비

삶은 감자와 달걀 6개 · 파슬리 한 줌 · 다진 양파와 피클 반 컵 · 양상치 · 파프리카
●드레싱 만들기: 마요네즈 1과 1/4컵 · 디종 머스터드 1찻술 · 소금 반 찻술 · 후추

만들기

1. 감자와 달걀을 삶아서 식힌 다음, 한 입 크기로 썰어서 큰 양푼에 담는다.
2. 드레싱을 만들고 파슬리, 양파, 피클을 잘 섞는다.
3. 감자와 계란을 잘 섞은 후에 양상치를 깔아 그 위에 담고 파프리카를 뿌린다.

B. 감자 퓨레

재료준비

감자 3개 · 홍당무 2개 · 계란 1개 · 우유 반 컵 · 버터 1큰술 · 파미르산 치즈 2큰술 · 소금과 후추

만들기

삶아서 으깬 감자와 홍당무에, 도깨비방망이로 거품낸 계란을 나머지 재료와 잘 섞은 다음 간을 한다.

C. 감자 양파구이

재료준비

중간 크기 감자를 식구 수대로 준비 · 붉은 양파 1~2개 · 소금과 후추 · 로즈마리

만들기

1. 감자를 껍질째 씻어서 0.5센티미터 두께로 칼집을 낸다.
2. 올리브유를 칠하고 간을 맞춘 다음 로즈마리를 뿌린다.
3. 230℃로 가열된 오븐에 넣고 30분간 구워낸다.
4. 잠깐 꺼내서 칼집 낸 틈에 잘고 둥글게 썬 양파를 끼운다.
5. 다시 오븐에 넣고 10분 정도 더 구워낸다. 그릴에서 한 10분간 구워도 좋다.
6. 샐러드와 스테이크를 곁들이면 근사한 '양식 한 끼'가 된다.

D. 감자 튀김

재료준비

통닭 1마리 · 베이컨 서너 쪽 · 세모나게 어슷썬 감자 큰 걸로 4개 · 소금과 후추

만들기

1. 통닭을 오븐 팬에 담고 250℃로 가열된 오븐에 넣은 다음 30분쯤 구워낸다.

2. 통닭을 뒤집고 나서 베이컨을 닭 윗부분에 잘 올린 후, 간을 맞춘 감자를 팬 바닥에 잘 배열한다.
3. 한 40분쯤 닭과 감자가 다 익을 때까지 더 굽는다.

※ 영국인 가족과 함께 살 때 배운 가장 대표적인 영국 음식 중 하나로, 요리라고 부르기도 쑥스러울 만큼 방법은 간단하지만 내 평생 먹어본 감자튀김 중 최고로 환장할 만했다.

닭고기 마늘종 볶음 중국요리

재료준비

닭고기 가슴살 200g · 마늘종 열 뿌리 · 피망 1개 · 양파 반 개 · 밀가루 1큰술 · 생강 저민 것 · 미림이나 백포도주 2큰술 · 불고기 양념 적당량 · 깨소금 · 소금

- 닭고기는 채 썰어서 불고기 양념에 재놓는다.
- 마늘종은 약 5센티미터 길이로 썰고, 생강도 얇고 작게 저민다.

만들기

1. 재워둔 닭고기를 생강과 함께 볶는다.
2. 양파와 마늘종, 피망을 넣은 다음 닭고기 쟀던 양념장과 미림을 넣고 볶는다.
3. 간을 맞춘 다음, 밀가루를 풀어 약간 되직하게 만들고 깨소금을 뿌린다.

🍴 먹기

밥, 김치 등과 함께 우리가 늘 먹는 대로 먹는다.

🍴 뒤풀이

- 마늘종을 간장에 멋들어지게 졸여내셨다는 칭찬에 우쭐해지신 시아버지가 그 다음주에 또 마늘종 한 다발을 사오셔서는 중국식 양념으로 더 맛있는 요리를 만드셨다.
- 시아버지는 고기를 주로 일제 '데리야끼 소스'로 재시는데, 내가 사다드린 '백설표 불고기 양념'이 맛있다고 하시면서도 '너무 달다'고 끝까지 토를 다신다.
- 깨를 볶는 게 더 고소하다는 사실을 잘 아시는 시아버지. 하지만 귀찮다며 아무 맛도, 향도 없는 중국산 왕깨를 꼭! 장식용으로 뿌리신다.

📺 봉숭아 학당

대부분의 중국산 채소가 국산보다 큰 것처럼 마늘종도 예외는 아니어서 조금 더 굵고 억셌다. 따라서, 우리 나라의 여린 마늘종으로 만들면 더 맛있을 게 틀림없다. 씨~ 부럽다이~.

새우 페닝 소스 태국 요리

재료준비

새우 중자로 12마리 · 코코넛 우유 1컵 · 토마토 소스 반 컵 · 태국산 붉은 카레 2큰술 · 칠리 1찻술 · 설탕 1큰술 · 타라곤 1큰술 · 생선 소스 2큰술 · 마늘 다진 것 1큰술 · 버터와 식용유

- 태국산 카레 대신 국산 카레 '매운맛'을 넣어도 될 듯싶다.
- 국산 새우젓이나 멸치젓 국물로 서양 '생선 소스'를 대신해도 된다.

 만들기

1. 코코넛 우유 + 토마토 소스 + 카레 + 설탕 + 타라곤 + 생선 소스를 잘 섞어서 소스를 미리 만든다.
2. 식용유와 버터를 두른 팬에 새우를 넣고 볶다가, 마늘과 칠리를 넣고 노릇하게 더 볶는다.
3. 마지막에 소스를 넣은 다음 한 5분간 센 불에서 끓인다.

환장하게 맛있는 요리법

먹기

사프란으로 노랗게 물들여 초록색 완두콩을 넣은 밥과, 빨간 새우 요리를 곁들인 접시를 보는 것만으로도 침이 꼴깍! 넘어간다.

 뒤풀이

'공산당식 배급제'가 철저히 지켜지는 시댁에서 새우 요리는 항상 중자 다섯 마리로 붙박인데, 다음과 같은 사태가 종종 발생해서 어버이 수령님의 심기를 불편하게 한다.

"누가 한 마리 덜 가져갔냐?" (식구 모두 이미 밥과 뒤엉킨 새우를 찾아 세기 시작한다.)
"전 다섯 마리 맞는데요.", "저두요!" (더 못 먹어서 한 맺힌 우리 부부는 절대로 빼먹는 법이 없어 세보나마나지만 열심히 동참하는 척한다.)
"에이그, 또 난가 봐요!" (평소처럼 어머니가 한 마릴 덜 챙겨가셨다.)
"벌써 죽을 때가 됐나? 왜 자기 밥도 못 챙겨 먹어!" (예외 없이 시아버지가 한 방 먹이신다.)

📺 봉숭아 학당

서양 칠리의 대표 주자는 '까엔'이지만, 우리 나라 피자집에서 흔히 볼 수 있는, 고추씨와 함께 들어 있는 칠리도 괜찮다.

바스케즈식 닭고기 프랑스 요리

재료 준비

닭고기 반 마리 · 베이컨 2장 · 양파 반 개 · 피망 1개 · 토마토 1개 · 마늘 1큰술 · 파프리카 · 타임 1찻술 · 백포도주 3큰술 · 물 반 컵 · 소금과 후추 · 식용유

- 닭고기는 큼직하게 4등분한다.
- 베이컨과 피망, 양파, 토마토를 모두 1cm×1cm로 썬다.

 만들기

1. 토막낸 닭고기에 소금과 후추, 파프리카를 뿌려서 기름 두른 팬에 지져낸 후 그릇에 따로 담아둔다.
2. 같은 팬에 베이컨과 양파, 마늘을 먼저 넣고 볶는다.

3. 피망과 토마토를 섞어서 볶다가 물과 와인을 넣는다.

4. 1번의 닭고기를 넣고 타임을 뿌린 후, 뚜껑을 덮고 10분쯤 더 익힌다.

 먹기

스파게티나 데친 야채(브로콜리, 컬리플라워, 콩깍지 등)와 함께 먹는다.

 뒤풀이

- 콩깍지 얘기가 나와서 말인데, 서양 사람들은 완두콩이 달다며 날것 그대로 맛있게 먹는가 하면, 우리는 콩만 뺀 다음 버리는 콩깍지를 삶거나 양념해서 먹는 알뜰한 사람들이다.
- Haricot vert(초록 콩깍지)라는 채소는 놀랍게도 참깨만한 씨만 몇 개 박혀 있는 '콩 없는 콩깍지'인데, '이런 건 한국엔 없다'는 내 말에 시아버지는, '살림 물정 모르는 헐렁한 아줌마'를 보는 듯한 시선으로 나를 바라보며 지금까지도 믿지 않는 눈치시다, 평소처럼.

📺 봉숭아 학당

- 이 요리는 '탈리아텔레' 라는 납작한 파스타와 잘 어울린다.
- 스페인과 국경을 이루는 프랑스 남서쪽 바스크 지방의 이름을 딴 요리다.

내가 즐겨 해먹은 요리들

고등어 겨자 구이

고등어를 반 갈라서 디종 머스터드를 바른 후, 소금과 통후추를 굵게 간 것과 칠리(혹은 까엔)를 잔뜩 뿌린 다음 오븐에 구워낸다.

재킷 포테이토

영국인들의 점심 메뉴로, 큰 감자를 250℃ 오븐에 한 시간 정도 구워(호일에 싸지 말 것!) 치즈나 카레 소스, 토마토 소스에 든 콩통조림 등을 뿌려 먹으면 근사한 한 끼 식사가 된다.

각종 모듬 샌드위치

'샌드위치의 종주국' 영국에서 아르바이트할 때 배운 샌드위치 모음집인데, 토요일 저녁이나 아이들 생일날, 각종 샌드위치 소와 빵을 준비해주고 입맛대로 만들어 먹게 내버려둬 보라. 근사한 파티가 벌어진다.

- 아보카도, 치즈, 토마토를 썰어 색깔별로 크루아상 중앙에 끼우고 소금과 후추로 간한다.

- 삶은 달걀을 채에 쳐서 마요네즈와 겨자를 약간 넣는다.
- 통닭 먹고 남은 고기를 얇게 찢어서 레몬즙을 짜 넣고, 마요네즈와 소금, 후추를 듬뿍 넣는다.
- 간단히 'BLT샌드위치'라고 하는데, 토마토와 베이컨과 양상치를 마요네즈로 버무린다.
- 크림 치즈에 포도를 반 잘라 넣거나, 심지어는 바나나만 둥글게 썰어서 베이글 샌드위치를 만들어 먹기도 하는데, 처음엔 눈살을 찌푸렸지만 먹어보니 맛이 좋았다.
- 데친 잔새우와 맛살을 마요네즈에 버무린 다음 아보카도와 함께 먹는다.
- 참치 마요네즈는 생오이와 잘 어울린다. 참, 참치가 불어로 뭔지 아는 사람? '똥(thon)'이다. "웃기죠? 전 여기서 매일 똥 먹고 삽니다."
- 프랑스식 핫 샌드위치를 '크로크 무슈'라고 하는데, 식빵 사이에 슬라이스 치즈와 햄을 넣고 오븐이나 토스터에 구워내면 된다. "프랑스 요리, 알고 보면 참 쉽죠?"

피망 구이

서양 사람들은 씨 파낸 자리에 뭔가를 잔뜩 집어넣고 오븐에 구워내기를 좋아한다. 각종 야채와 햄, 맛살, 새우 등 맛있는 걸 있는 대로 넣고 고슬고슬하게 볶은 밥을, 토마토나 피망, 호박, 가지, 큰 버섯 등에 쑤셔 넣고, 치즈를 뿌려서 오븐에 구워낸다.

해산물 샐러드

오징어, 홍합, 새우 등을 데쳐서 + 올리브유 + 레몬즙 + 소금 + 후추 + 오레가노 + 마늘 + 올리브를 넣고 잘 섞으면, 아주 환장할 만한 샐러드가 된다.
서양 요리를 할 때는 반드시! 통후추를 밀대에 갈아서 넣어야 한다. 후춧가루와 통후추 알갱이 사이엔 엄청난 차이가 있다.

쓰다 보니, 내가 부엌에서 '짱' 노릇을 하던 시절이 그립다. 아! 옛날이여~.

각종 소스 만들기

아보카도 소스

마요네즈 : 아보카도 뭉갠 것 : 플레인 요구르트 = 1 : 1 : 1/2로 잘 섞고, 칠리를 조금 뿌린다.

크림 소스

1/2컵의 크림과 계란 흰자를 각각 따로 거품을 내서 마요네즈와 잘 섞는다. 오븐에 소금, 후추 간을 해서 구운 생선이나 닭고기 등 흰살 고기 요리와 함께 먹으면 잘 어울린다.

타르타르 소스

마요네즈 1/4컵 + 다진 오이피클 4큰술 + 파슬리 1큰술 + 타라곤 1큰술을 잘 섞어서 각종 튀김 요리와 함께 먹으면 좋다.

허니 머스터드 소스

디종 머스터드 2찻술 + 꿀 1/4컵 + 식용유 반 컵 + 레몬 주스 반 개 + 마늘 다진 것 1쪽을 도깨비방망이로 잘 섞는다. 새우나 닭고기 샐러드에 잘 어울린다.

크림 치즈 소스

크림 치즈 3큰술 + 레몬즙 1/3컵 + 설탕 1찻술 + 소금·후추 1/2찻술 + 올리브유 (식용유도 가능) 3큰술

전통적인 프렌치 드레싱

올리브유 4큰술 + 백포도주 식초나 레몬즙 1큰술 + 디종 머스터드 1/2찻술 + 소금, 후추, 설탕 약간을 넣고 잘 섞는다. 기호에 따라 마늘, 파슬리, 꿀을 첨가해도 좋다.

※ 세계적으로 유명한 디종 머스터드는 프랑스 동쪽 부르곤뉴 지방의 도시 이름으로, 겨자씨를 넣은 전통식과 씨를 뺀 현대식이 있는데, 드레싱엔 현대식을 넣고 요리엔 대개 전통식을 넣는다는 시아버지 말씀.

간장 토마토 소스

말 그대로 토마토 소스에 간장을 한두 숟갈 넣고 잘 섞은 것으로, 시아버지는 흰살 생선을 오븐에 구워 얹어 먹게 하는데 무척 맛있다.

카르보나라 스파게티 소스

으깬 마늘에 베이컨을 넣고 바삭해질 때까지 볶는다. → 그릇에 계란 세 개와 크림 반 컵을 잘 섞어준다. → 파미르산 치즈를 섞는다. → 소금, 후추로 간을 하고 스파게티에 잘 뿌려 먹는다.

※ '소스'는 더운 요리, 차가운 샐러드에 모두 사용하는 반면, '드레싱'은 꼭 날 야채 요리와 함께 붙어 다니니 헷갈리지 말 것!

국기에 대한 맹세

미국식 새우볶음이 맛있기에 태국식 옆에 껴놓자니까 '남의 요리법을 그대로 베끼는 건 저작권법에 위배된다'고 눈을 부릅뜨는 융통성 없는 시아버지가 그날은 존경스럽게만 보였다.

여기 실린 열여섯 가지 요리법이 그분의 '순수한 창작품'이라고 뻥을 칠 수는 없지만, 지난 30년간 "오, 메르드!"를 수도 없이 외쳐가며 독자적으로 개발·발전·당신식으로 승화시킨, '그 어떤 요리책에서도 똑같은 걸 찾아낼 수 없는 비법'이라고 큰소리칠 수는 있다.

개인적으로 이 책을 준비하며 새롭게 깨달은 사실이 있다면, 시아버지와 '한국 먹거리'를 놓고 사생결단을 낼 때마다, '시아버지만 틀렸다'고 몰아세운 게 그분 입장에선 '무척 억울한 일' 이었을 거라는 감을 잡게 된 사실이다.

이유인즉, 외국 요리책에 초라하게 껴 있는 그나마 몇 개 안 되는 한국 요리에는, '김치를 소금에 절이거나, 미리 익혀서 냉장고에 넣는다' 는 얘기는커녕, 오히려 '김치에 식초를 넣는다' 거나, '냉장고에 넣은 지 4일이 지나면 냄새가 나기 시작한다' 는 식의 엉뚱한 정보만 가득했다. 그러니 내가 담그는 김치가 틀렸다고 잔소리하시고 익은 김치를 썩었다고 버린 게, '좋은 먹거리 지킴이' 시아버지로서는 정당한 행위였던 것이다.

뿐만 아니라, 고기 잴 때 참기름을 넣는 민족은 우리 나라뿐이라는 사실과, 우리 김밥도 식초와 설탕으로 간하는 걸로 나와 있는 요리법, 이유는 정확히 모르지만 '묵은 쌀이 햅쌀보다 더 비싸다'고 쓰여 있는 태국 요리책 등은 시아버지가 어거지만 쓰는 독불장군이 아니라 타당한 근거를 바탕으로 '이유 있는 반항'을 했음을 증명해준다.

그렇다면, 우리가 치러낸 그 처절한 쌈박질은 도대체 누구의 탓이란 말인가?

바로, 우리의 위대한 음식문화를 제대로 세상에 알리지 못한 우리들의 책임임을 통감하고, 혹시 또 나올지 모를 '제2의 파란 눈의 시아버지'로부터 나와 같은 '순진한 며느리'를 보호하기 위해 '우리 먹거리 제대로 알리기 운동본부(우제알)'를 창단하고 본부장에 취임을 했다. 시작은 지극히 미약하지만, 김치로 '온 세상 사람들 이빨에 불지르게 될' 창대한 나중을 상상하며, 이 책을 읽는 모든 이들이 같은 관심을 가져주시길 소망해본다.

"나는 자랑스런 태극기 앞에, 김치와 불고기의 무궁한 발전을 위하여 몸과 마음을 바쳐 충성을 다할 것을 굳게 다짐합니다."

싹수없는 며느리 VS 파란 눈의 시아버지

초판 인쇄 2004년 10월 15일
초판 발행 2004년 10월 20일

글 전희원ⓒ
그림 김해진ⓒ
펴낸이 양미자
펴낸곳 도서출판 **모티브북**

편집 한선우·최유연

등록번호 제313-2004-00084호
주소 서울시 마포구 서교동 356-2 승문빌딩 4층 502호
전화 02)3141-6921 / 팩스 02)3141-5822
e-mail editor@motivebook.co.kr

ISBN 89-91195-01-6 03810

* 잘못된 책은 구입한 곳에서 바꾸어 드립니다.
* 이 책은 저작권법에 따라 보호를 받는 저작물이므로 무단전재와 무단복제, 광전자매체 수록을 금합니다. 이 책 내용의 전부 또는 일부를 이용하려면 반드시 글 저작권자와 그림 저작권자, 그리고 도서출판 모티브북의 서면동의를 받아야 합니다.